KB032330

식민지 청년 이봉창의 고백

대일본 제국의
모던 보이는 어떻게
한인애국단 제1호가
되었는가

식민지 청년 이봉창의 고백

배경식 지음

Humanist

차례

■ **일러두기**

1. 중국, 일본의 인명과 지명은 외래어 표기법에 따라 현지어 발음에 가깝게 쓰는 것을 원칙으로 삼았다. 주요 인명과 지명은 〈찾아보기〉에 한자를 병기했다.

– 임시 정부와 관련된 중국 지명은 한국에서 이미 한자음으로 널리 쓰이고 있기 때문에 혼란을 피하기 위해 동(洞) 이하의 행정 단위는 한자음으로 표기하는 예외를 두었다.

예) 마랑로 보경리, 오송로

– 문이나 다리의 경우, 효과적인 의미 전달을 위해 한자음을 섞어서 표기한 뒤 현지어 발음을 병기했다.

예) 사쿠라다 문(사쿠라다몬), 신궁교(진구바시)

2. 일제 강점기 한국에서는 일본의 화폐 단위를 사용했다. 일본의 엔(円)과 센(錢)을 우리말로는 '원'과 '전'으로 발음했다. 이 책에서는 이봉창이 한국과 일본, 중국 조계지를 오가는 공간의 변화와 맥락에 따라 두 발음을 혼용했다.

3. 이 책은 독자들이 이봉창의 삶과 내면세계, 그를 둘러싼 일제 강점기라는 시대적 배경을 보다 생생하게 느낄 수 있도록 이봉창의 재판 기록과 김구의 기록 등에 기반을 둔 다큐멘터리 픽션 형식으로 집필되었다.

프롤로그

두 장의 사진,
역사의 진실에 의문을 던지다

[사진 1]

[사진 2]

지금 우리는 두 장의 사진을 보고 있다. 사진의 주인공은 1932년 1월 8일 일본 도쿄에서 천황을 향해 폭탄을 던진 이봉창이다. 두 사진은 얼굴 표정만 다를 뿐 배경이나 구도가 똑같다. 검은 양복을 입고 태극기를 배경으로 서 있는 모습, 수류탄을 든 두 손의 자세, 그리고 목에 건 선서문까지.

이 사진들은 이봉창이 한인애국단 입단 선서식을 한 1931년 12월 13일 밤에 찍힌 것으로 알려져 있다. 두 장의 사진 중에 특히 [사진 1]이 인상적이다. 이 사진이 우리의 시선을 잡아끄는 이유는 죽음을 초월한 듯한 환한 미소 때문이다. 그는 죽음을 앞두고 어떻게 저런 미소를 지을 수 있었을까? 그만큼 이봉창의 미소는 잔잔한 감동을 전해 준다.

분명한 차이도 있다. [사진 2]에서 이봉창은 [사진 1]과 정반대의 표정을 짓고 있다. 담담하고 무표정하다. 수류탄을 든 두 손과 수류탄 역시 [사진 1]보다 작다. 목에 건 선서문도 글씨를 제대로 알아볼 수 없을 정도로 흐릿하다.

두 장의 사진 중에 우리에게 익숙한 것은 [사진 1]이다. 이 사진은 역사책들을 비롯하여 독립 기념관, 백범 기념관 등에서 보아 온, 독립운동 영웅 이봉창의 대표적인 이미지다. 반면 [사진 2]는 일반인뿐만이 아니라 연구자들에게도 거의 알려지지 않은 생소한 사진이다.

이봉창은 같은 날 같은 장소에서 똑같은 자세의 사진을 두 장 찍은 걸까? 그날 이봉창은 두 장의 사진을 찍었다. 그중 하나가 [사진 2]이다. 도쿄 의거의 취지를 알리기 위해 찍었던 이 사진은 이봉창이 일본 경찰에 체포되었을 때 증거품으로 압수되었다. 이봉창과 윤봉길 등 한인애국단의 투쟁을 홍보하기 위해 중국에서 발간한《도왜실기》에도 실렸다.

선서식 날 밤 찍은 또 한 장의 사진은 양복 차림에 빈손으로 태극기 앞에서 찍은 [사진 3]이다. 이 사진은 이봉창이 고국에 있는 가족에게 전하기 위해 김구에게 부탁해서 선서문을 목에 건 [사진 2]를 찍기 전에 찍은 사진이다. 김구가 이봉창 의거의 진상을 알리기 위해 쓴 〈동경작안의 진상〉이라는 글과 함께 중국의 각 신문사에 보낸 사진이다. 이 사진은 〈동아일보〉, 미국 샌프란시스코에서 교포들이 발행한 〈신한민보〉, 중국어판《도왜실기》에 실렸다.

두 손에 수류탄을 들고 환하게 웃고 있는 [사진 1]은 일제 강점기에 발간된 어떤 신문이나 책자에서도 확인되지 않는다. 게다가 이 사진은 원본 사진이라고 하기도 어렵다. 수류탄을 든 두 손과 수류

[사진 3]

탄, 배경의 태극기는 실재가 아니라 그린 것이다. 목에 건 선서문은 원본 사진의 선서문의 필체와 다른, 누군가가 새로 쓴 것이다. 자세히 보면 얼굴의 목선도 어색하다. 얼굴만 다른 사진에서 오려 붙이고 나머지는 모두 손으로 그린 합성 사진이다. 조금만 주의 깊게 관찰했다면 이 사진의 문제점을 쉽게 발견할 수 있었을 것이다. 그런데도 필자가 문제를 제기하기까지 70여 년 동안 아무도 이 문제를 거론하지 않았다.

두 손에 수류탄을 들고 환하게 웃고 있는 [사진 1]은 1946년 3월 서울에서 김구의 최측근인 엄항섭 주도로 출간된 《도왜실기》 한글

[사진 4]

판을 통해 처음으로 세상에 공개되었다. 중국어판《도왜실기》에 실린 [사진 2]와 [사진 3]은 한글판에 실리지 않았다. 그 후 [사진 1]은 이봉창의 의거를 대표하는 이미지로 널리 알려졌고 [사진 2]는 대중의 기억 속에서 잊혀졌다.

그렇다면 환하게 웃는 얼굴의 [사진 1]은 언제 어떻게 찍은 것일까? 이봉창의 이미지를 대변하는 또 하나의 사진은 오버코트에 두 손을 넣고 환하게 웃고 있는 모습의 [사진 4]이다. 이 사진은 이봉창이 도쿄로 떠나던 1931년 12월 17일 아침에 김구와 영원한 작별을 기념하기 위해 찍은 것으로 짐작된다. [사진 1]에서 환하게 웃고 있는 문제의 얼굴 사진은 이 사진에서 오려 붙였을 것이다. 13일과 17일, 불과 나흘 사이에 어떤 심경의 변화가 있었기에 얼굴 표정이 이토록 달라진 것일까?

이봉창의 행적을 처음으로 세상에 알린 사람은 도쿄 의거를 주도하고 이봉창을 일본에 파견한 김구다. 김구는 〈동경작안의 진상〉과 《도왜실기》, 《백범일지》에 이봉창의 행적에 대해 상세히 적어 놓았다. 이들 기록에 묘사된 이봉창은 자신을 희생하여 일본 천황에게 폭탄을 던진 독립운동가의 전형적인 모습이다. 그런데 이런 고정 관념은 이봉창의 재판 기록을 읽다 보면 크게 흔들린다. 이봉창이 감옥에서 예심 판사에게 제출하기 위해 쓴 〈상신서〉, 아홉 차례에 걸쳐 작성된 〈신문조서〉, 〈청취서〉, 〈검증조서〉, 담당 검사의 〈의견서〉 등 재판 관련 기록에는 이봉창의 인간적인 면모, 김구와 함께 천황을 폭살하기 위해 모의하는 과정, 그리고 일본으로 가서 20여 일 동안 겪은 일들이 상세히 기록되어 있다. 이들 기록에는 '독립운동 영웅 이봉창'의 고정된 이미지를 수정할 만한 그의 내면세계와 삶의 고민이 잘 드러나 있다.

이 많은 기록 가운데 특히 필자의 관심을 끈 것은 체포 당시 이봉창이 소지한 압수 증거품 목록에 있던 사진들이다. 모두 여덟 장의 사진들 중 다섯 장이 여자 사진이다.

'사진 속 여자는 누구일까? 가족? 애인? 총각이니까 애인 한 명쯤은 있었겠지…….'

사진의 주인공은 의외였다. 친구에게 받은 여자 사진을 제외하면 모두 유곽에서 만난 직업여성 사진이다. 세 장은 상하이에서 상대한 여성 사진이고, 나머지 한 장은 상하이를 떠나 도쿄로 가는 길에 잠시 들른 오사카의 한 유곽에서 만난 고토부키라는 일본 여성 사진이다. 비록 사진 몇 장이지만 독립운동의 영웅 이봉창의 고정된 이미지에 질문을 던지기에는 충분하다. 이봉창은 상하이에서 김구를 만났을 때 이렇게 말했다.

"제 나이 이제 서른한 살입니다. 앞으로 서른한 해를 더 산다 한들 과거 반생 동안 방랑 생활에서 맛본 것에 비한다면 늙은 생활이 무슨 재미가 있겠습니까. 인생의 목적이 쾌락이라면 지난 서른한 해 동안 육신의 쾌락은 대강 맛보았습니다."

이봉창은 탁구, 야구 등 운동을 좋아하고 사람 사귀기를 즐기는 쾌활하고 낙천적인 청년이었다. 이봉창의 〈신문조서〉에도 영화와 음악을 즐기고, 술과 마작 때문에 빚에 쪼들리고, 카페와 유곽을 무시로 드나드는 등 근대 소비문화를 향유한 모던 보이의 모습이 생생하게 담겨 있다. 재판 기록을 읽다 보니 불쑥 이런 의문이 떠오른다.

'근대 문화와 육신의 쾌락을 즐기던 모던 보이는 어쩌다가 천황에게 폭탄을 던지게 되었을까?'

이 질문에 답하기 위해 이봉창이 천황을 향해 폭탄을 던진 1932년 1월 8일, 운명의 그날로 돌아가 보자.

식민지 청년 이봉창의 고백

1932년 1월 8일, 운명의 그날

"일어나세요."

전날 밤을 함께 보낸 시즈에가 이봉창의 부탁대로 아침 7시에 그를 깨웠다.

"날씨가 좋아요."

시즈에의 말에 이봉창은 잠들기 전 머리맡에 둔 보자기를 확인했다. 수류탄이 든 종이 상자를 싸맨 보자기는 머리맡에 그대로 놓여 있었다.

1932년 1월 8일, 이봉창은 도쿄에서 남쪽으로 한 시간가량 떨어진 가와사키 시의 한 유곽에서 눈을 떴다. 이봉창은 천천히 일어나서 세수를 하고 옷을 챙겨 입었다. 깃이 작은 신사복 위에 검은색 오버코트를 단정하게 차려입고 납작모자를 썼다. 마지막으로 구두 주걱으로 가죽 구두를 신고 나사(두꺼운 모직물을 통틀어 이르는 말) 천으

로 된 구두 커버를 둘렀다.[1]

오전 8시, 이봉창은 보자기를 손에 들고 유곽을 나섰다. 가와사키 역에서 국철을 타고 도쿄 시내로 들어와서 시나가와 역에서 도쿄 전철로 갈아탔다. 목적지인 하라주쿠 역에 도착하니 8시 50분쯤이었다. 하라주쿠 역 근처에는 육군 시관병식이 열리는 요요기 연병장(지금의 요요기 공원)이 있었다. 이봉창은 천황 행렬이 하라주쿠 역 앞을 지나갈 때 기회를 보아 수류탄을 던져 천황을 폭살할 계획이었다.[2]

관병식이 시작되는 오전 11시까지는 두 시간 이상 여유가 있었다. 이봉창은 간단하게 요기를 하려고 하라주쿠 역 앞에 있는 중국 음식점으로 들어가서 닭고기 계란덮밥을 주문했다. 그때였다. 사복형사 두 명이 식당 안으로 들어왔다. 순간 이봉창은 자신이 미행을 당한 것으로 착각했다. 그때 이봉창이 들고 있던 보자기 안에는 수류탄을 넣은 종이 상자가 있었다.

'만약 형사들이 보자기를 검사하기라도 한다면 만사 끝장이다.'

이봉창은 바짝 긴장하고 형사들의 행동에 주의를 기울였다. 형사들 가운데 한 명이 식당 안주인에게 무엇인가를 내밀며 말했다.

"혹시 관병식을 보러 갈 사람이 있으면 이걸 주게. 이 초대권으로는 반드시 남쪽 입구로 들어가야 하네."

형사가 식당 안주인에게 내민 것은 관병식 초대권이었다. 형사들

1 단국대학교 동양학연구소 편, 〈제2회 신문조서〉, 〈공판조서〉, 《이봉창 의사 재판 관련 자료집》, 단국대학교 출판부, 2004, 392쪽, 516쪽.

2 단국대학교 동양학연구소 편, 〈제3회 신문조서〉, 위의 책, 411쪽.

은 이봉창에게는 아무런 관심도 없었다. 미행을 당하지 않은 것은 다행이지만, 보자기에 싼 수류탄이 아무래도 마음에 걸렸다. 어찌 되었건 그대로 있다가는 의심을 살 수도 있었다.

'앉아서 당하느니 차라리 선수를 치자.'

이봉창은 식당 안주인과 형사들이 있는 곳으로 다가가서 도쿄 헌병 본부 조장의 명함을 식당 안주인에게 보여 주며 물었다.

"헌병 조장의 명함을 받아 관병식을 참관하러 왔는데, 어느 출입구로 들어가는 것이 좋겠습니까?"

그 명함은 이틀 전 관병식 예행연습이 열리는 요요기 연병장에 사전 답사를 갔다가 우연히 버스 운전사에게서 얻은 것이었다.

"헌병 조장의 명함이 있으면 어느 출입구라도 들어갈 수 있습니다."

식당 안주인이 건네준 명함을 받아 본 형사 한 명이 말했다. 형사들은 이봉창이 헌병 조장의 명함을 갖고 있는 것에 안심한 듯 밖으로 나갔다.

형사들은 갔지만 왠지 모르게 기분이 언짢았다. 이봉창은 밥값을 계산한 뒤 수류탄을 싼 보자기를 들고 곧바로 식당을 나왔다. 식당에서 마주친 형사들이 요요기 연병장 입구에 있는 신궁교(진구바시) 앞 가로수 밑에 서 있었다. 주위를 둘러보니 경비 순사와 사복형사들이 곳곳에 깔려 있었다.

'경비가 너무 삼엄해서 아무래도 여기서는 힘들겠다.'

결국 이봉창은 하라주쿠 역에서 거사하는 것을 포기하고 국철을 타고 근처의 요쓰야 역으로 갔다. 천황이 요쓰야 역을 지나 하라주쿠 역으로 갈 것이라고 생각하고 그때 거사하기로 결심했다.[3]

요쓰야 역을 나오면서 이봉창은 신문팔이 소년에게 천황 행렬이 지나가는 길을 물었다. 신문팔이 소년이 말했다.

"천황 폐하는 이쪽이 아니라 아카사카미쓰케 쪽으로 지나가신다고 합니다."

천황 행렬은 남동쪽의 아카사카미쓰케 역 앞을 지나 메이지 신궁 참배 도로인 오모테산도를 따라 요요기 연병장으로 이동할 예정이었다.

신문팔이 소년의 말을 듣고 이봉창은 아카사카미쓰케 역에서 거사를 결행하기로 마음을 굳혔다. 이봉창은 다리 서쪽 근처의 파출소 뒤편에 있는 공중화장실로 들어가 종이 상자 안에서 수류탄을 꺼내 바지 주머니 양쪽에 한 개씩 넣었다. 그러고는 종이 상자를 보자기에 싸 들고 전차를 타고 아카사카미쓰케 역으로 갔다. 역을 빠져나오면서 이봉창은 청소부에게 물었다.

"천황 폐하의 행렬은 어디쯤 갔습니까?"

청소부는 천황의 행렬은 이미 요요기 연병장으로 들어갔으나 관병식을 마치고 정오쯤 다시 그곳을 지나간다고 했다.

'하마터면 큰일 날 뻔했구나.'

바짝 긴장한 터라 온몸에 힘이 빠졌다. 다행히 이 길로 천황이 돌아간다고 하니 역 근처에서 기다렸다가 그때 거사하면 될 것 같았다. 이봉창이 아카사카미쓰케 역에 도착한 것은 오전 9시 40분에서 10시 사이였다.[4] 정오까지는 두 시간 이상 여유가 있었다. 이봉창은

3 단국대학교 동양학연구소 편, 〈제3회 신문조서〉, 〈청취서〉, 앞의 책, 411쪽, 540쪽.

아카사카미쓰케 역 부근의 잇키 식당으로 들어갔다. 거기서 음식을 먹고 한잔 마시면서 천황이 환궁할 때까지 기다리기로 했다.

이봉창은 식당 주인에게 라디오를 켜 달라고 해서 라디오 중계로 관병식 상황을 들었다. 얼마쯤 시간이 지나자 관병식이 끝난 것을 알리는 라디오 방송이 흘러나왔다. 곧바로 나가면 너무 이를 것 같아 천황 행렬이 아카사카미쓰케 역까지 오는 시간을 감안해서 조금 늑장을 부리며 식당을 나왔다.

하지만 예측은 빗나갔다. 이봉창이 아카사카미쓰케 역에 도착했을 때 행렬의 끄트머리가 저 멀리 다마치의 길모퉁이를 막 돌아가고 있었다.

"오늘은 틀렸구나!"

순간 이봉창은 허탈감에 빠졌다. 그래도 혹시나 하는 마음에 옆에서 있는 선로 인부에게 물었다.

"천황 폐하의 행차를 보려고 멀리서 왔는데 아쉽게도 행렬을 놓치고 말았습니다. 황궁으로 들어가기 전에 천황 폐하의 행차를 볼 수 있는 방법은 없습니까?"

선로 인부는 이봉창이 천황 행차를 보러 온 구경꾼인 줄 알고 친절하게 방법을 알려 주었다.

"천황 폐하의 행렬은 다메이케 쪽으로 돌아가기 때문에 지름길로 쫓아가면 볼 수 있을 겁니다."

4 처음 〈청취서〉에서는 이때가 9시 40분이라고 했다가(단국대학교 동양학연구소 편, 앞의 책, 540쪽), 〈제3회 신문조서〉에서는 오전 10시경이라고 했다(같은 책, 412쪽).

바로 그때 빈 택시가 이봉창이 서 있는 곳으로 다가왔다. 이봉창은 재빨리 택시에 올라타고 기사를 재촉했다.

"황궁으로 돌아가는 천황 폐하의 행렬을 봐야 하니 지름길로 빨리 갑시다."

이봉창의 재촉에 택시 기사는 시간을 맞출 수 있을지 모르겠다고 걱정하면서도 페달을 밟았다. 택시는 아카사카미쓰케 언덕을 쏜살같이 내달렸다. 이윽고 새로 지은 국회 의사당 앞을 가로질러 참모본부 앞쪽을 지나 내리막길 쪽으로 접어들었다. 내리막길이 끝나는 네거리에 경찰이 막고 서 있었다.

"저 앞에 경찰이 막고 있어 가기 힘들 것 같은데요."

천천히 속도를 줄이던 택시 기사가 다시 말했다.

"다행히 왼쪽 길은 막지 않으니 그쪽으로 돌아가겠습니다."

그 길은 경시청으로 가는 길이었다. 택시 기사는 방향을 바꾸어 왼쪽 내리막길로 차를 몰았다. 그러나 내리막길이 끝나는 곳에서 다시 경찰이 길을 막았다. 택시 기사가 이봉창을 돌아보며 말했다.

"여기까지밖에 갈 수 없습니다."

이봉창은 재빨리 택시에서 내려 경시청 옆길을 따라 뛰기 시작했다. 숨을 헐떡이며 경시청 본관 북쪽 끝에 도착하자 경비를 서고 있던 정복 경찰이 앞을 가로막았다. 이봉창은 헐떡이는 숨을 가라앉히며 주머니에서 헌병 조장의 명함을 꺼내 경찰에게 보여 주었다.

"실은 이분의 초대를 받고 관병식을 보러 갈 예정이었으나 시간에 맞추어 가지 못해 황궁으로 들어가는 천황 폐하의 행렬만이라도 보려고 급히 뛰어왔습니다."

경찰은 이봉창이 내민 헌병 조장의 명함을 보고 안심이 되었는지 안으로 들어가라고 허락해 주었다.[5]

이봉창은 다시 뛰기 시작해 경시청 정문 현관 앞에 도착했다. 그곳에는 궁성으로 들어가는 천황의 마지막 모습을 구경하기 위해 몰려든 사람들로 발 디딜 틈이 없었다. 큰길을 따라 사람들이 일고여덟 겹으로 줄지어 있었고, 맨 앞에는 호위 경찰들이 늘어서 있었다. 다행히도 아직 천황의 행렬이 지나가지 않았다.

이봉창은 사람들 사이를 비집고 들어갔다. 두세 겹 앞으로 나아가자, 천황 행렬이 이봉창이 있는 사쿠라다 문(사쿠라다몬) 쪽으로 오는 것이 보였다. 이봉창은 사쿠라다 문 전차 정류장의 삼각형 안전지대 잔디밭 동남쪽 인도의 거의 중앙 부분에 있었다.[6]

'조금만 늦었으면 놓칠 뻔했구나.'

가쁜 숨을 몰아쉬며 이봉창은 사람들 틈에 끼어 천황 행렬이 다가오기를 기다렸다. 이윽고 의장병이 선도하는 첫 번째 마차가 이봉창이 있는 쪽으로 다가왔다. 이봉창은 첫 번째 마차에 천황이 타고 있을 거라고 생각하고 마차 안을 살폈다. 그런데 마차 안에는 한 사람이 타고 있었다. 순간 이봉창은 그가 천황이 아니라고 생각했다.

'천황이 탄 마차라면 황비까지 두 명이 있어야 한다.'

이봉창은 너무 흥분한 나머지 마차에 타고 있는 사람을 제대로 확

5 단국대학교 동양학연구소 편, 〈제3회 신문조서〉, 〈청취서〉, 앞의 책, 412~413쪽, 541쪽.
6 단국대학교 동양학연구소 편, 〈검증조서〉, 앞의 책, 479쪽.

인하지 못했다.[7] 순식간에 첫 번째 마차가 지나가고 두 번째 마차가 이봉창 앞에 나타났다. 두 번째 마차 뒤에는 말을 탄 근위병 행렬이 따르고 있었다. 이봉창은 첫 번째가 아니라면 두 번째 마차에 탄 사람이 틀림없이 천황일 것이라고 순간적으로 확신했다.

마차와의 거리는 어림잡아 10간(약 18미터). 수류탄을 던지기에는 거리가 조금 멀어 보였지만 경찰이 맨 앞에서 막고 있어 앞으로 뛰쳐나갈 수도 없었다. 이봉창은 재빨리 오른손을 오른쪽 바지 주머니 속에 넣고 수류탄을 잡았다. 차가운 쇳덩이가 손에 닿았다. 이봉창은 바지 주머니에서 수류탄을 꺼내 두 번째 마차를 겨냥해 약간 높게 던졌다. 수류탄은 포물선을 그리며 높게 날아가서 두 번째 마차 뒤쪽의 마부가 서는 받침대 부근에 떨어졌다.

"꽝!"

폭발과 동시에 요란한 소리가 났다. 갑작스러운 폭발 소리에 놀란 말이 날뛰는 바람에 행렬이 흐트러지고 사람들이 비명을 지르며 사방으로 흩어졌다. 삽시간에 주위는 혼란에 휩싸였다. 1932년 1월 8일 오전 11시 44, 45분경이었다.[8]

요란한 폭발 소리를 듣고 이봉창은 거사가 성공했다고 생각했다. 사람들의 아우성 속에서 그는 1년 전 상하이 임시 정부를 찾아갔던, 춥고 어두웠던 그날 밤을 떠올렸다. 천황 폭살을 위해 자신을 도쿄에 파견한 그 남자를 만났던 운명의 그날 밤을.

7 단국대학교 동양학연구소 편, 〈제2회 신문조서〉, 〈청취서〉, 앞의 책, 389쪽, 541쪽.
8 단국대학교 동양학연구소 편, 〈공판조서〉, 앞의 책, 499쪽.

취중진담, "왜 천황을 죽이지 못하오?"

"똑! 똑! 똑!"

1931년 1월 어느 늦은 밤, 이봉창은 상하이 프랑스 조계 마랑로 보경리 4호 대한민국 임시 정부 사무실 문을 두드렸다. 보경리 4호는 상하이 시민의 전형적인 주거 양식인 스쿠먼으로 1925년에 지어진 연립 주택형 3층 건물이었다. 살림이 어려워 여러 곳을 옮겨 다니던 임시 정부는 1926년부터 이곳을 임시 정부 사무실 겸 상하이 대한교민단 사무실로 사용하고 있었다.

"뉘시오?"

추운 겨울밤 갑자기 찾아온 불청객을 보고 임시 정부를 지키던 청년들은 당황했다.

"저는 경성 용산 출신의 이봉창이라고 합니다. 몇 년 동안 일본에서 노동을 하다가 상하이에 임시 정부가 있다는 말을 듣고 찾아왔습니다."

이봉창은 청년에게 자기소개를 하면서 안으로 들어가서 잠깐 이야기하게 해 달라고 청했다. 간단한 몇 마디였지만 오랜 일본 생활로 이봉창의 말투는 조선말인지 일본 말인지 분간하기 어려웠다.

"오늘은 늦었으니 돌아가세요."

청년은 연락도 없이 불쑥 찾아온 데다 이봉창의 말투나 행동도 의심스러워 문 안으로 들이지 않으려고 했다. 하지만 이봉창은 물러서지 않았다.

"할 말이 있으니 책임자를 만나게 해 주세요."

이봉창이 서투른 조선말로 사정을 할수록 청년의 의심만 깊어 갔다. 청년은 이봉창을 왜놈의 밀정으로 의심하고 문 밖으로 쫓아내려고 했다. 이봉창이 완강히 버티는 바람에 실랑이가 벌어졌다.

"늦은 밤에 왜 이리 소란스러운가?"

마침 2층 사무실에 있던 김구가 소란스러운 소리를 듣고 아래층으로 내려왔다. 당시 김구는 임시 정부 재무장과 교민단 단장을 겸한 임시 정부의 실질적인 책임자였다.

"낯선 사람이 밤늦게 불쑥 찾아와서 막무가내로 책임자를 만나게 해 달라고 졸라서 이 소란이 벌어졌습니다."

청년이 김구에게 자초지종을 말했다. 이봉창은 김구를 임시 정부의 책임자라고 생각하고 그에게 자신을 소개했다. 하지만 김구도 말투와 행동이 일본인과 비슷한 이봉창을 믿을 수가 없었다.

"오늘은 늦었으니 가까운 여관에 가서 자고 내일 다시 이야기합시다."

김구는 청년에게 이봉창이 묵을 여관을 잡아 주라고 지시했다. 그

청년은 김구의 심복 김동우였다. 당시 그는 교민단의 경호 단체인 의경대 대장이었다.[1]

이튿날 이봉창은 다시 임시 정부 사무실을 찾아갔다. 사무실에는 전날 만난 김동우 혼자 있었다. 이봉창은 김동우에게 자신의 경력을 대강 밝히고 취직 알선을 부탁했다. 김동우가 물었다.

"영어나 중국어를 할 줄 아세요?

"모릅니다."

김동우가 고개를 저으며 말했다.

"영국인 전차 회사는 영어나 중국어를 할 줄 모르면 취직할 수 없으니 먼저 두 나라 말을 배우는 것이 좋겠습니다. 두세 달 정도만 배우면 됩니다."

부정 승차객을 단속하는 전차 검표원은 간단한 영어나 중국어만 익히면 취직할 수 있는 비교적 안정된 일자리였다. 그러나 이봉창은 당장 두세 달을 버틸 돈이 없었다.[2]

이봉창이 상하이에 도착한 것은 임시 정부를 찾아가기 한 달 전인 1930년 12월 10일이었다. 상하이에 도착했을 때 이봉창은 18엔 정도의 돈을 가지고 있었다. 오사카를 떠날 때 50엔 정도 있었지만, 뱃

1 김구, 〈동경작안의 진상〉, 이봉창의사장학회 엮음, 《이봉창 의사와 한국 독립 운동》, 단국대학교 출판부, 2002, 190쪽; 김구, 배경식 풀고 보탬, 《올바르게 풀어쓴 백범일지》, 너머북스, 2008, 496쪽. 이봉창은 이때 만난 청년을 김동호라고 했지만, 그는 황해도 안악군 출신의 노종균이었다. 노종균은 김구가 잠시 교사로 근무한 양산학교 제자 출신으로 김구의 심복이었다. 당시 그는 교민단의 경호 단체인 의경대 대장이었는데, 본명보다는 김동우라는 별명으로 더 알려져 있었다.

2 단국대학교 동양학연구소 편, 〈제2회 신문조서〉, 〈제6회 신문조서〉, 앞의 책, 394쪽, 440~441쪽.

삯으로 21엔을 지불하고 배 안에서 용돈으로 11엔을 썼다.[3] 이봉창이 상하이에서 처음 취직을 하고 일당으로 2엔을 받았다고 한 것으로 보아 18엔은 적지 않은 액수였다. 주머니에 여유가 생기자 이봉창은 급히 임시 정부를 찾아갈 필요는 없다고 생각했다. 이봉창은 배 안에서 알게 된 조선인과 함께 공공 조계 오송로에 있는 일본인이 운영하는 여관에 투숙했다가 이삼 일 뒤에 근처의 중국인 여인숙으로 옮겼다.

이봉창은 중국 말을 할 줄 몰라 인력거나 전차도 타지 않고 걸어서 여기저기 돌아다녔다. 길을 가다가도 조선 사람인 것 같으면 임시 정부의 소재지를 물어보았으나 가르쳐 주는 사람이 없었다. 조선말보다 일본 말에 더 능통한 이봉창을 믿고 임시 정부의 주소를 가르쳐 줄 조선인은 드물었다.

이봉창이 돌아다닌 곳은 오송로를 비롯해 주로 공공 조계 지역이었다. 오송로는 상점과 식당, 유흥가가 몰려 있는 번화가였다. 당시 상하이는 중국인 거주지, 공공 조계, 프랑스 조계의 세 구역으로 나누어져 있었는데, 임시 정부는 오송로에서 대각선 방향으로 남서쪽 끝인 프랑스 조계에 있었다. 조선인들은 대부분 프랑스 조계에 살았고, 공공 조계에는 일본인이나 영국인 등 외국인들과 중국인들이 많이 살았다. 이봉창은 이런 사정을 몰라 헛고생을 한 것이다.

돈이 떨어지자 이봉창은 일본인 양복점 주인이 운영하는 무료 숙

3 단국대학교 동양학연구소 편, 〈제6회 신문조서〉, 앞의 책, 439쪽. 〈청취서〉에서는 상하이까지의 뱃삯 23엔 외에 용돈으로 10엔 정도 가지고 있었다고 했다(같은 책, 532쪽).

박소로 잠자리를 옮겼다. 그러던 어느 날, 오송로의 중국인 우동집에서 식사를 하다 만난 어떤 조선인으로부터 조선인이 많이 살고 있는 프랑스 조계에 가면 임시 정부가 있는 곳을 알 수 있을 것이라는 말을 들었다. 이봉창은 곧바로 프랑스 조계로 가서 전차 차장에게 물어 임시 정부의 주소를 알아냈다. 그때까지만 하더라도 이봉창은 임시 정부를 찾아가면 영국인 전차 회사에 취직하는 것을 도와 줄 것이라고 기대했다. 영국인 전차 회사에서 정말로 조선인을 써 주는지 물어보고, 그것이 사실이라면 임시 정부에 취직을 부탁하려고 했다.[4]

'조선인은 어디를 가나 좋게 될 수 없구나! 상하이에서도 조선인으로 살 수 없다면 어떻게 살아야 하지?'

잔뜩 기대했던 전차 검표원이 될 수 없다는 것을 알게 되자 이봉창은 앞으로 살 길이 막막하다고 생각했다. 상하이에 올 때 이봉창은 신변의 안전을 위해 일본인 기노시타 쇼조로 행세했다. 어쩔 수 없이 이봉창은 상하이 일본 YMCA를 찾아가서 일본인으로 속이고 일자리를 부탁했다. 얼마 뒤 이봉창은 YMCA 직원의 소개로 일본인이 운영하는 명화(또는 명선) 철공소 대장장이로 취직했다. 이봉창이 철공소에 쉽게 취직할 수 있었던 것은 오사카에 있을 때 스미토모 신동소에서 일한 경험이 있었기 때문일 것이다. 철공소 주인은 이봉창을 일본인으로 알고 임금을 후하게 쳐 주었다. 처음 두 달 동안은 용돈 정도의 돈을 받다가, 두 달이 지나면서 일당 2엔을 받았다.[5] 일

4 단국대학교 동양학연구소 편, 〈제6회 신문조서〉, 〈청취서〉, 앞의 책, 439~440쪽, 533쪽.

당 2엔은 일본보다 물가가 싼 상하이에서 혼자 생활하기에는 부족하지 않은 금액이었다.

며칠 뒤 이봉창은 다시 임시 정부를 찾아갔다. 임시 정부 책임자를 만나서 다시 한 번 전차 검표원 일자리를 부탁해 보고 싶었다. 그러나 이번에도 김구는 보이지 않았고 김동우 혼자서 사무실을 지키고 있었다. 이봉창은 그에게 철공소에 취직한 사실을 알리고 임시 정부 책임자를 만나게 해 달라고 부탁했다.

"단장은 여기에 자주 나오지 않습니다. 미리 약속을 하지 않고는 만나기 어렵습니다."

두 사람이 이런저런 잡담을 하고 있을 때 마침 김구가 사무실 안으로 들어왔다. 김동우는 김구에게 이봉창 이야기를 하며 한번 만나 봐 줄 것을 부탁했다.

"백정선입니다."

김동우가 자리를 뜨자 김구가 먼저 자신을 소개했다. 김구는 이봉창에게 본명을 밝히지 않았다.

이봉창은 김구에게 자신의 경력을 간단하게 소개하고 영국 전차 회사에 취직할 수 있도록 도와 달라고 부탁했다. 김구도 김동우와 똑같이 영어를 하지 못하면 취직하기 어렵다고 말했다.[6] 이봉창은 실망했다.

'만약 상하이에서도 조선인으로 살아갈 수 없다면 차라리 일본에

5 단국대학교 동양학연구소 편, 〈제6회 신문조서〉, 앞의 책, 441쪽.
6 단국대학교 동양학연구소 편, 〈제2회 신문조서〉, 〈공판조서〉, 앞의 책, 395쪽, 511쪽.

서 결심한 대로 남은 평생을 조선의 독립을 위해 살면 되지 않을까?'

이봉창은 김구에게 교민단과 임시 정부에 대해 물어보았다. 만약 교민단의 주의와 강령, 목적이 자신이 생각하는 것과 같다면 거기에 가입할 생각이었다.

"교민단은 상하이에 살고 있는 동포들에게 직업을 소개하거나 상호 친목을 도모하는 단체입니다. 매월 각자 1원 정도의 회비를 모아 부인회, 어린이회 등 조선인이 개최하는 여러 가지 행사를 후원하고 있습니다."

이봉창은 김구가 자신이 어떤 사람인지 모르기 때문에 어물어물 둘러대는 것이라고 생각했다.[7]

이봉창이 다시 물었다.

"임시 정부의 형편은 어떻습니까?"

김구는 자신이 임시 정부 책임자이면서도 아무 관련이 없는 것처럼 둘러댔다.

"독립 정부가 있기는 하지만 아직 독립운동가들을 먹이고 입힐 힘이 없습니다."

이봉창이 잠시 머뭇거리자 이번에는 김구가 물었다.

"가진 돈이라도 있습니까?"

"수중에 남은 돈이 별로 없습니다."

"그러면 생활 문제를 해결할 방법이 있습니까?"

"다행히 철공소에 취직을 해서 그런 걱정은 없습니다. 그런데 일

7 단국대학교 동양학연구소 편, 〈제2회 신문조서〉, 〈청취서〉, 앞의 책, 395쪽, 534쪽.

을 하면서 독립운동을 할 수는 없습니까?"

"……."

김구는 아무 대답도 하지 않았다. 김구는 낯선 이봉창에게 솔직한 이야기를 할 수 없었다.

"오늘은 여기까지만 이야기하고 다음에 또 만나서 이야기합시다."

이봉창은 김구가 자신을 꺼리는 것을 알아차리고 자리에서 일어났다.

며칠 후 이봉창은 술과 국수를 사 가지고 임시 정부 사무실을 방문했다. 임시 정부 직원들과 친해지기 위해 술자리를 마련한 것이다. 이봉창이 사 온 음식으로 1층 주방에서 술자리가 벌어졌다. 이때 김구는 2층 사무실에 있었는데, 취중에 떠드는 소리가 2층 사무실까지 들렸다.

술이 거나해지자 이봉창이 목소리를 높여 그들에게 따지듯이 물었다.

"당신들은 독립운동을 한다면서 지금까지 뭘 했소?"

이봉창은 독립운동을 한답시고 여태 아무것도 하지 못하고 궁색하게 살고 있는 그들이 답답해 보였다.

"왜 그러시오?"

이봉창의 갑작스러운 말에 임시 정부 직원들이 불쾌해하자 취기가 오른 이봉창은 거침없이 말했다.

"독립운동을 한다는 사람들이 어째서 아직까지 천황도 죽이지 못했소?"

앉아 있던 사람들은 이봉창을 비웃었다.

"총독부 관리나 일본군 장교 하나 죽이는 것도 어려운데, 천황을 죽이는 것이 당신 말처럼 그렇게 쉽겠소."

자존심이 상한 임시 정부 직원들이 화제를 바꾸려고 했지만 이봉창은 물러서지 않았다.

"내 보기에 일본 천황을 죽이는 것은 아주 쉬운 일인 것 같은데……."

"그렇게 쉬운 일이라면 왜 여태까지 못 죽였겠소."

임시 정부 직원들의 비아냥대는 말에 아랑곳하지 않고 이봉창은 자신이 하고 싶은 말을 쏟아냈다.

"내가 도쿄에 있을 때 천황 행차를 구경한 적이 있소. 그때 천황이 바로 내 앞으로 지나가는 것을 보고 속으로 '만약 지금 내 손에 총이나 폭탄만 있다면 천황을 처치하는 것은 쉬울 텐데.' 하는 생각이 들었소."[8]

이봉창의 호기 어린 말에 임시 정부 직원들은 아무 말도 하지 못했다. 갑자기 어색한 분위기가 되었다.

'천황을 죽인다?'

주방에서 흘러나오는 소리에 귀를 기울이고 있던 김구는 퍼뜩 정신이 들었다. 상하이로 망명한 지 10년이 넘었지만 아직 어느 누구에게도 들어 보지 못한 대담한 발언이었다. 이봉창의 계획대로 천황

8 김구, 〈동경작안의 진상〉, 《이봉창 의사와 한국 독립 운동》, 190쪽.

을 죽일 수만 있다면 조선인의 독립 의지를 세계만방에 알리는 절호의 기회가 될 것이다.

'침체된 독립운동의 분위기를 반전시키기 위해서는 세상을 깜짝 놀라게 할 만한 큰일을 일으켜야 하는데, 천황을 죽이는 것이야말로 그런 일이 아니고 무엇인가?'

이런 생각을 하자 김구는 가슴이 뛰기 시작했다. 불현듯이 그가 어떤 사람인지 궁금해졌다.

'어쩌면 내가 그토록 간절히 기다리던 바로 그 사람이 아닐까?'

김구는 이봉창이 보통 인물이 아니라고 짐작하고 따로 불러 자세한 사정을 알아봐야겠다고 생각했다.

두 사람이 다시 만난 것은 3월 무렵이었다. 김구는 임시 정부 사무실로 찾아온 이봉창에게 일본의 사정을 두루 물었다. 일본에 거주하는 조선인에 대한 대우는 어떠하며 생활 상태는 어떠한지, 도쿄에서는 얼마 동안 살았는지를 물었다. 이봉창은 자신이 보고 들은 바를 사실대로 말했다. 김구는 이봉창이 어떤 인물인지 떠보기 위해 불쑥 물었다.

"천황이 나들이할 때 경계가 얼마나 엄중한가?"

갑작스러운 질문에 이봉창은 무심하게 대답했다.

"경계는 엄중하지만, 할 마음만 먹으면 못할 것도 없습니다."

"한 번 더 일본에 갈 일은 없는가?"

이봉창이 그 까닭을 묻자 김구는 진담 반 농담 반의 말투로 말했다.

"폭탄을 가지고 일본에 가서 세상을 놀라게 할 만한 큰일을 한번 해 볼 생각은 없는가?"

순간 이봉창은 몇 년 전 오사카에 있을 때 교토에서 거행되는 천황 즉위식을 구경 갔다가 아무 죄 없이 유치장에 갇혔던 억울한 일이 떠올랐다. 그런가 하면 독립운동 단체에 들어가고 싶었지만 자신을 이끌어 줄 지도자가 없어 뜻을 이루지 못한 기억도 되살아났다. 이봉창은 '혹시 이 사람이 나를 이끌어 줄, 내가 찾던 그런 지도자가 아닐까.' 하는 생각이 들었다. 이봉창이 다시 물었다.

"독립운동을 하는 단체에 들어가고 싶은데 연줄을 댈 수는 없을까요?"

"설사 연줄이 있더라도 그런 단체에 들어가는 게 자네에게 별 도움은 되지 않을 걸세. 자네가 그런 생각을 한다면 개인적으로 하는 편이 더 좋을 거네."

"임시 정부의 주의와 강령은 무엇이며, 하고 있는 사업은 어떤 것이 있습니까?

"상하이에 살고 있는 동포들에게 회비를 거두어 부인회나 어린이회, 기타 여러 가지 모임을 지원하는 일을 하고 있을 뿐 특별히 내세울 만한 대단한 일을 하고 있지는 않다네."

이봉창은 김구의 대답에 실망했다. 김구가 자신을 믿지 못해 임시 정부나 독립운동 단체에 대해 솔직히 이야기하지 않는다고 생각했다.[9] 이봉창은 김구의 마음을 열기 위해 자신의 속마음을 털어놓았다.

"선생님, 제가 상하이로 온 것은 일본인 행세를 하지 않고 떳떳한

9 단국대학교 동양학연구소 편, 〈제2회 신문조서〉, 〈제6회 신문조서〉, 〈청취서〉, 앞의 책, 395쪽, 441~442쪽, 534쪽.

조선인으로 살고 싶었기 때문입니다. 그런데 막상 와 보니 일본에서처럼 다시 나를 속이고 일본인 행세를 하며 살아야 할 처지가 되었습니다. 그렇게 살 생각이었으면 상하이에 오지도 않았을 겁니다. 조선인으로서 나라를 되찾는 데 조금이라도 보탬이 되는 일을 하고 싶습니다. 폭탄이든 무엇이든 적당한 무기만 손에 들어오면 일본으로 건너가서 '사건'을 일으키고 싶습니다."

김구는 이봉창의 진심을 확인하듯 다시 한 번 물었다.

"자네의 결심이 그렇게 굳건하다면 폭탄을 구하는 것은 내가 생각해 보도록 하겠네. 그런데 자네는 정말로 폭탄이 손에 들어오면 그 일을 실행할 수 있겠나?"

이봉창은 단호하게 말했다.

"폭탄만 손 안에 쥐어지면 올해 안에라도 당장 실행하고 싶습니다."

"자네의 결심이 그렇게 굳건하다면 못할 것도 없을 것 같네."

이봉창은 비장한 각오로 다시 말했다.

"선생님, 제 나이 이제 서른한 살입니다. 앞으로 서른한 해를 더 산다 한들 과거 반생 동안 방랑 생활에서 맛본 것에 비한다면 늙은 생활이 무슨 재미가 있겠습니까. 인생의 목적이 쾌락이라면 지난 서른한 해 동안 육신의 쾌락은 대강 맛보았습니다. 이제는 영원한 쾌락을 위해 독립 사업에 목숨을 바치고 싶습니다."

이봉창의 말을 듣고 김구는 이봉창의 위대한 인생관에 감동했다고 나중에 회상했다.[10]

10 김구, 배경식 풀고 보탬, 앞의 책, 497쪽.

이봉창이 다시 공손한 태도로 간청했다.

"선생님, 세상을 깜짝 놀라게 할 큰일을 할 수 있도록 저를 잘 이끌어 주십시오."

이봉창의 표정은 사뭇 진지했다. 김구는 이봉창이 살신성인의 큰 뜻을 품고 임시 정부를 찾아온 의기남아義氣男兒라고 생각하고 자신의 속마음을 털어놓았다.

"실은 나도 여러 해 동안 조선의 독립을 위해 신명을 바칠 청년을 찾고 있었는데, 아직 적당한 인물을 찾지 못해 고민하던 참이었네. 자네는 일본에 오래 살아서 그곳 사정에 밝은 데다 일본 말도 유창해 여기서도 일본 사람으로 통할 정도이니, 폭탄을 가지고 일본으로 가는 것은 어렵지 않을 듯하네. 올해 안에 반드시 큰일을 준비할 테니 아무쪼록 그때 조선 민족을 위해 자네의 큰 뜻을 실행해 주기 바라네."[11]

이봉창은 김구의 진심 어린 말을 듣고 '이 사람이야말로 자신이 그토록 찾던, 자신을 이끌어 줄 진정한 지도자'라고 확신했다. 이봉창이 다시 말했다.

"저에게 나머지 삶을 의미 있게 살 수 있는 기회를 주십시오."

이봉창의 굳은 결심을 확인한 김구는 잠시 망설이다가 다시 말을 이었다.

"그런데 지금 우리 정부의 형편으로는 자네의 생활을 보살펴 주기 어렵네. 자네의 큰 뜻을 이루기 위해서도 우리 기관 가까이에 있는

11 단국대학교 동양학연구소 편, 〈제2회 신문조서〉, 앞의 책, 395쪽.

것은 좋지 않을 듯하니, 어찌하면 좋겠나?"

"다행히 일본인 철공소에 취직을 해서 생활에는 어려움이 없으니 그런 걱정은 하지 않으셔도 됩니다. 선생님께서 준비만 해 주시면 언제든지 달려와 큰일을 실행하도록 하겠습니다."

김구는 이봉창을 믿고 특별히 당부했다.

"우리 기관이나 우리 사람들과 자주 만나지 말고 순전히 일본인으로 행세하고, 한 달에 한 번씩 밤중에만 찾아오게."

김구는 이봉창에게 일본인들이 많이 살고 있는 훙커우 쪽으로 가서 일본인 행세를 하며 다른 사람들의 눈을 피하라고 했다. 훙커우는 일본이 관할하는 공공 조계 지역의 번화가로, 조선인이 많이 사는 프랑스 조계의 반대편에 있었다. 이때부터 이봉창은 훙커우로 가서 다시 일본인 행세를 했다. 김구의 지시대로 신분을 숨기기 위해 조선인과 만나는 것도 피했다.[12] 당당하게 조선인으로 살고 싶어 찾아온 상하이에서 또다시 일본인 행세를 하면서 사는 것이 이봉창으로서는 달갑지 않았을 것이다. 하지만 이것은 일본에서처럼 진짜 일본인이 되려고 하는 일이 아니었다. 이봉창은 김구를 만나면서 지금까지와는 다른 삶을 살 수 있다는 희망을 비로소 품게 되었다.

어떤 만남은 운명이라고 했다. 김구와 이봉창의 만남이야말로 일기일회一期一回, 곧 일생에 단 한 번뿐인 운명적인 인연이었다. 이봉창은 김구를 만나고 나서 비로소 육신의 쾌락이 아닌 조국의 독립이

12 단국대학교 동양학연구소 편, 〈제7회 신문조서〉, 앞의 책, 454쪽.

라는 '영원한 쾌락'을 위해 살 결심을 했다. 그날 이후 이봉창은 김구에게 자신이 살아온 이야기를 들려주었다. 지금까지 누구에게도 말하지 못했던, 국가로부터 버림받고 생존을 위해 동북아시아 3국을 떠돌아야 했던 식민지 청년 노동자의 고단하고 비참한 삶을.

용산 도락가 이진구의 둘째 아들

이봉창은 1901년 서울 용산에서 이진구의 둘째 아들로 태어났다. 이봉창의 호적등본에 따르면, 본적은 경성부 금정(지금의 효창동) 118번지이고, 출생지는 경성부 원정2정목(지금의 원효로2가)으로 되어 있다. 출생지와 본적지가 모두 용산이라는 것은, 이봉창의 집안이 그가 태어나기 전부터 용산에 살고 있었다는 것을 말해 준다. 하지만 1894년 청일 전쟁 이전까지 용산이 사람이 살지 않은 벌판이었다는 사실을 고려하면 이봉창의 집안도 그 후에 용산으로 이주한 것으로 짐작된다. 청일 전쟁을 계기로 일본 군대가 용산 일대에 진입해 병참부를 세우고 일본인 도매상이 열 몇 집 들어서면서 용산은 일본군과 일본인을 위한 군사 도시로 개발되기 시작했다.

이진구는 건축 청부업과 우차 운반업으로 상당한 재산을 모은 신흥 자본가였다. 한때 그는 대한 제국 황실의 건축을 청부받았을 정도로 건축업으로 큰돈을 벌었으며, 건축 청부업을 그만둔 뒤에는 우차 운반업과 목재상을 하며 돈을 벌었다. 이봉창이 7, 8세 때 집에 소가 대여섯 마리나 있었으며, 이봉창이 지나가면 주변 사람들이 "저 애가 이진구의 아이야!"[1]라고 할 정도로 알아주는 부자였다고 한다. 이진구의 성공은 용산의 성장과 밀접한 관련이 있었을 것으로 짐작된다. 청일 전쟁과 러일 전쟁의 승리로 한반도 주도권을 장악한 일본은 식민지 수탈을 위한 각종 시설과 새로 이주해 오는 일본인들을 위한 주택을 짓기 시작했다. 이로 인해 건축 수요가 폭발적으로 증가했고, 조선인 가운데서도 큰돈을 버는 사람들이 생겼는데, 이진구도 그런 시대 변화 속에서 돈을 번 인물 가운데 한 사람이었던 것으로 짐작된다.

이봉창은 대한 제국이 일본에 강제로 병합된 이듬해인 1911년에 여덟 살 때부터 다니던 서당을 그만두고 청엽정(지금의 용산구 청파동)에 있던 사립 문창학교에 입학했다. 문창학교는 천도교 신자이자 독립운동가인 신숙 등 지역 유지들이 세운 4년제 과정의 보통학교(지금의 초등학교)였다. 문창학교는 재정 문제로 곤란을 겪다가 이봉창이 입학하던 그해 1월에 천도교에서 인수하면서 확장되고 정비되었다.[2]

문창학교는 이봉창의 유일한 정규 교육 학력이다. 문창학교 교육

1 단국대학교 동양학연구소 편, 〈제5회 신문조서〉, 앞의 책, 422쪽.

2 문창학교는 처음에 공덕리의 광성지학교(분교)로 설립되었는데, 1908년 5월에 학교 이름을 문창학교로 바꾸었다(〈문창학교 흥왕〉, 〈대한매일신보〉 1908년 5월 27일자; 신숙, 《나의 일생》, 일신사, 1963, 33~39쪽). 문창학교는 뒤에 다시 이름을 효창국민학교로 바꾸고 해방 이후 1970년대까지도 유지되었으나, 숙명여대의 학교 부지로 수용되면서 폐교되었다. 이 때문에 학적부를 비롯하여 이봉창의 학창 생활을 알 수 있는 기록이 남아 있지 않다.

은 이봉창의 성장에 어떤 영향을 미쳤을까? 이봉창이 문창학교에 입학한 1911년은 일본의 식민지 교육이 본격화된 시기와 일치한다. 조선 총독부는 이봉창이 문창학교에 입학한 그해에 일본 제국에 순응하는 '충량한 국민을 양성'할 것을 목표로 한 조선 교육령을 공포했다. 이에 따라 학교 명칭을 소학교에서 보통학교로 바꾸고, 교육 연한도 일본인 학교와 차별하여 6년에서 4년으로 줄였다. 교육 내용도 바꾸어 조선말과 역사를 가르치지 않고 일본어를 국어로, 일본 역사를 국사로 가르쳤다. 같은 해 총독부는 '사립 학교 규칙'을 발표해 사립 학교에 대한 통제도 강화했다. 총독부 정책에 반대하는 사립 학교에 대한 지원을 중단하거나 각종 규제를 강화하고, 말을 듣지 않는 사립 학교는 아예 공립으로 전환시키거나 강제로 공립에 통합시키기도 했다. 이로 인해 민족 교육의 화수분 역할을 하던 사립 학교의 숫자가 급속히 감소하고 그 역할이 크게 약화되었다. 이러한 식민지 교육의 영향으로 이봉창은 조선인으로 태어났음에도 조선의 역사도 배우지 못하고 조선 왕의 얼굴 한 번 보지 못한 채 식민지 백성으로서 일본에 동화된 '신일본인'으로 성장했다.[3]

문창학교에 입학한 지 얼마 지나지 않아 이봉창의 집안 형편이 어려워지기 시작했다. 이봉창의 신문을 담당한 예심 판사는 이봉창의 진술을 바탕으로 작성한 〈의견서〉에서 이봉창의 집안이 기울게 된 원인을 다음과 같이 적고 있다.

3 단국대학교 동양학연구소 편, 〈상신서〉, 앞의 책, 548쪽.

어렸을 때는 부유한 가정에서 사랑과 귀여움을 받으며 성장했으나 아버지 진구의 난치병과 사업 실패 등 불행이 잇따라 가운이 기울고 마침내 생계조차 어려워지기에 이르렀다.[4]

이진구는 성공한 사업가답게 여자관계가 문란한 한량이었던 것 같다. 그는 본부인 손씨 말고도 살림을 따로 차려 준 첩이 둘이나 있었다. 손씨와의 사이에 범태·봉창 형제를 낳고, 소실 주간난과의 사이에 봉준·봉운·종태를 낳았다. 또 다른 소실인 정봉희와의 사이에는 딸 덕희를 두었다.[5] 이봉창은 이런 아버지에 대해 "착하기는 했으나 대단한 도락가였다."라고 짧게 평했다. 방탕한 쾌락주의자, 그것이 아들 이봉창이 기억하는 아버지의 이미지였다.

이진구는 이봉창이 문창학교에 입학하기 전에 악성 매독에 걸렸다. 중국에서 들어왔다고 하여 당창唐瘡이라고도 불린 매독은 당시만 하더라도 사람들을 죽음의 공포로 몰아넣은 가장 무서운 성병이었다. 한 신문은 매독의 증상에 대해 "3년 안으로 전신에 종기가 나고 코가 떨어진다."라고 그 무서움을 경고했다. 매독의 고통은 엽기적인 살인 사건을 불러일으키기도 했다. 시체를 태워 먹으면 병을 고칠 수 있다는 말에 혹해 무덤 속의 시신을 파 먹으려다가 들켜 쇠고랑을 찬 사람도 있었다. 병을 고치기 위해 수은과 비상을 섞어 피우다 일가족이 몰살하거나 수은 중독자가 되는 경우도 흔했다.[6]

4 단국대학교 동양학연구소 편, 〈의견서〉, 앞의 책, 485쪽.
5 홍인근, 〈이봉창의 호적등본〉, 《이봉창 평전》, 나남, 2002, 41쪽.
6 김태수, 《꽃가치 피어 매혹케 하라》, 황소자리, 2005, 47~52쪽.

일절 바깥출입을 하지 않고 집으로 의사를 불러 3년 동안이나 치료를 할 정도로[7] 이진구의 병 상태는 심각했던 것 같다. 3년 동안이나 매독으로 고생했다면 이진구는 몸이 쇠약해지거나 뼈가 문드러져 흉측한 몰골이 되었을지도 모른다. 또 끔찍한 병을 고치기 위해 엄청난 돈을 약값으로 날렸을 것이다.

성병은 이진구의 사업에도 큰 영향을 미쳤다. 바깥출입을 할 수 없어 다른 사람에게 사업을 맡겼고, 관리가 소홀해지자 사업은 점점 어렵게 되었다. 그 와중에 사 놓았던 목재가 대홍수에 떠내려가서 큰 손해를 입었다. 설상가상으로 이마이라는 일본 사람에게 속아 살던 집까지 몽땅 날려 버렸다. 집문서를 새 증서로 경신해 준다는 이마이의 말을 믿고 이봉창이 살던 집과 소실 주간난, 정봉희의 집 등 세 채의 집문서를 이마이에게 넘겨 주었는데, 이마이는 이 문서를 담보로 돈을 빌려 쓰고는 행방을 감추었다.

이봉창이 문창학교에 입학하던 그해 이진구는 원정의 집을 팔고 산동네인 금정으로 이사했다. 그래도 이봉창이 2학년 때까지는 교사들이 특별히 신경을 써 주고 학교 친구들도 대접해 줄 정도로 가세가 완전히 기울지는 않았다. 그러나 두 명의 첩과 첩의 자식들까지 먹여 살려야 했기 때문에 재산은 금방 동이 났다. 결국 이진구는 집을 하나 마련하여 소실 주간난과 그녀의 자식들만 데리고 따로 살림을 났다. 이봉창이 열세 살 때였다.

7 단국대학교 동양학연구소 편, 〈제5회 신문조서〉, 앞의 책, 422쪽.

당시 이봉창의 가족은 할머니, 어머니, 형 범태 부부, 형의 딸 은임까지 모두 여섯 명이었다. 이봉창의 가족은 운송점과 숯 가게에서 일하는 형 범태의 벌이로 생활했다. 형의 벌이는 여섯 명의 생활을 감당하기에 턱없이 부족했다. 생활이 쪼들리자 손씨 부인은 가재도구와 아끼던 물건을 하나둘씩 전당 잡히거나 내다 팔아서 생활비에 보탰다.[8] 이봉창의 어머니는 냉증 때문에 가끔씩 복통으로 괴로워했는데,[9] 이런 어머니를 옆에서 지켜보는 이봉창의 마음도 편치 않았다.

성장기에 겪은 가정 파탄으로 이봉창은 지울 수 없는 상처를 입었다. 무엇보다 상실감이 컸다. '이진구의 아들'이라는 부러움에 가득 찬 눈길로 이봉창을 대하던 동네 사람들과 학교 친구들의 시선이 하루아침에 바뀌었다. 어쩌면 이봉창은 아버지의 방탕한 사생활과 사업 실패로 망한 집 자식이라고 놀림을 받았을지도 모른다. 학교 가는 것이 두려웠을 것이고, 그럴수록 조강지처인 어머니와 가족을 버린 아버지를 원망했을 것이다. 이봉창이 아버지에 대해 어떤 심정이었는지는 그가 일본에 있으면서 아버지에게 한 번도 연락하지 않았던 사실로도 짐작할 수 있다. 아버지가 사망했다는 소식을 듣고도 별다른 조의를 표하지 않았던 것 같다. 아버지에 대한 원망이 깊을수록 어머니에 대한 사랑과 동정은 더 간절했을 것이다.

어려운 가정 형편 때문에 이봉창은 상급 학교 진학을 포기했다. 보통학교를 졸업하던 1915년 봄에 원정2정목에 있는 와다세이도라

8 단국대학교 동양학연구소 편, 〈제5회 신문조서〉, 앞의 책, 422쪽.

9 단국대학교 동양학연구소 편, 〈제5회 신문조서〉, 앞의 책, 421쪽.

는 일본인 과자 가게의 점원으로 취직했다. 원정2정목은 지금의 용산 전자 상가 지역으로 예전에는 일본인 집단 주거지가 있었던 상업 중심지였다. 이봉창은 과자 가게에서 일하면서 식사 제공에 월 7, 8원을 받았다. 과자 가게에서 일하는 동안 이봉창은 말라리아를 앓았다. 병이 낫긴 했지만 이때 생긴 후유증으로 관절염이 생겨 환절기가 되면 통증으로 고생했다.

열다섯의 어린 나이에 식사 제공 조건으로 받은 7, 8원의 월급은 당시로서는 적지 않은 액수였다. 그러나 이봉창은 조금이라도 돈을 더 벌 수 있는 직장으로 옮기고 싶었다. 과자 가게에서 일한 지 1년쯤 지나 이봉창은 한강통(지금의 한강로) 16번지의 무라타 시게가쓰라는 일본인이 운영하는 약국의 점원으로 취직했다. 약국에서는 숙식 제공에 월 10원의 고정 보수와 별도의 판매 수당을 합쳐 월 13, 14원의 급여를 받았다. 과자 가게 때보다 거의 두 배에 가까운 월급이었다.

이봉창이 무라타 약국에서 일하고 있을 때 3·1운동이 일어났다. 이봉창이 3·1운동에 관해서 언급한 것은 1932년 9월 16일에 있은 첫 공판 때뿐이다. 일본인 관선 변호사가 "그 소식을 듣고 느낌이 어땠나?"라고 묻자 "아무것도 의식하지 못했다."라고 답변했다.[10]

왜 이봉창은 일제 강점기 최대의 민중 시위로 알려진 3·1운동에 참여는커녕 아무런 관심도 없었을까? 두 가지 이유를 생각해 볼 수 있다. 첫 번째는 먹고살기 바빠 민족이나 국가를 생각할 여유가 없었던 가정 환경 때문이다. 일제 강점기 공산주의 운동에 참여했다가 해방 후 전향하여 이승만의 독재에 대항해 평화 통일을 주장하다 형장의 이슬로 사라진 조봉암의 회고를 한번 들어 보자.

> 나는 스물이 되도록 공부도 못하면서 그저 살기에 바쁘고 곤궁해서 나라니 민족이니 하는 일은 어른들에게서 간혹 얻어들었어도 별로 깊은 감명을 받지 못했고 그저 어떻게 하면 직업을 가지고 어른들 모시고 살아갈까 하는 것뿐이었습니다.[11]

이봉창의 경우도 이와 다르지 않았을 것이다. 한참 배울 나이에 일본인의 눈치를 보며 고용살이로 겨우 끼니를 이어가던 식민지 청년이 민족이나 국가의 의미를 깨닫는 것은 쉬운 일이 아니었다.

두 번째는 이봉창의 고향인 용산의 지역적 특징 때문이다. 이봉창이 어린 시절을 보낸 용산은 일본의 각종 군사 시설과 교통·통신 기관이 밀집된 식민 통치의 심장부였다.[12] 1904년부터 건설하기 시작한 용산과 신의주를 잇는 경의철도가 완공되자 용산은 만주와 중국 본토로 가는 병력과 군수품이 집결하는 조선 최고의 군사 도시가 되었다. 1906년부터 조선 주차군의 병영과 숙사 등 대규모 군사 시설물이 들어서고, 1908년 10월에는 필동에 있던 조선 주차군 사령부가 용산으로 옮겨 왔다. 일제 통치 기간 내내 용산은 철도와 전기, 하수도, 전차 등 최신식 편의 시설이 서울 시내에서 제일 먼저 설치되

10 단국대학교 동양학연구소 편, 〈공판조서〉, 앞의 책, 517쪽.
11 조봉암, 〈나의 정치백서〉, 정태영, 《조봉암과 진보당》, 한길사, 1991, 365쪽.
12 신주백, 〈식민통치의 물리적 기반〉, 《한반도의 외국군 주둔사》, 중심, 2001, 275~276쪽.

는 등 막대한 특혜를 누렸다.

이봉창이 태어나서 열 살 무렵까지 살았던 원정 일대는 서울에서 일본인이 가장 많이 모여 살던 일본인 집단 거주지였다. 1876년 말 개항 당시 불과 54명에 불과하던 조선 내 일본인 인구는 1900년 말에 1만 5829명, 1910년 말에 17만 1543명으로 급증했고, 다시 9년 뒤인 1919년 말에는 34만 6619명으로 늘어났다.[13] 일본인들은 처음에 지금의 원효로1~4가에 몰려 살다가 차츰 근처의 신계동, 도원동으로 거주지를 넓혀 갔다. 〈용산구지〉에 따르면, 1906년에 3000명이던 용산 지역의 일본인 인구는 1909년에 1만 명으로 늘어났다고 한다. 이런 지역적 특징으로 이봉창은 어린 시절부터 자연스럽게 일본인들을 만날 수 있었고, 그 때문에 다른 조선인들보다 일본어를 배울 기회가 더 많았을 것이다.

능숙한 일본어 실력은 일본인이 주인인 식민지 시대를 살아가는 가장 확실한 생존 무기였다. 1913년의 통계에 따르면, 조선인의 일본어 해독 능력은 0.61퍼센트였고, 10년이 지난 1923년에도 1.81퍼센트[14]에 그쳤을 정도로 일본어를 할 줄 아는 조선인은 드물었다. 특히 취업을 하려는 청년들에게 일본어는 더 절실했다. 빨리 일본어를 익혀야만 일본인이 운영하는 상점에 점원이나 심부름꾼으로 취직할 수 있었다. 일본인 상점에 취직한 조선 청년들은 일본어만 사용했고, 스스로 조선인인 것을 티내지 않으려고 했다. 굳이 조선인인 것을

13 다카사키 소지, 이규수 옮김, 《식민지 조선의 일본인들》, 역사비평사, 2006, 15쪽, 56쪽, 118~119쪽.

14 한국교육사연구회, 《한국교육사》, 교육출판사, 1989, 342쪽.

티내서 이로울 것이 없었기 때문이다.[15]

이봉창이 문창학교를 졸업하고 곧바로 일본인 상점에 취직할 수 있었던 것도 일본어에 어느 정도 능숙했기 때문일 것이다. 이봉창은 일본인 상점에 취직해서 일본인들을 상대로 일을 하면서 일본어에 더 능숙하게 되었고, 그것이 내세울 만한 학벌이나 특별한 기술도 없는 그가 일본행을 결심하는 하나의 계기가 되었다.

15 20세기 민중생활사연구단, 《스기야마 토미》, 눈빛, 2011, 44~42쪽.

식민지 청년에게 미래는 없다

약국 일은 과자 가게 때보다 더 힘들었다. 영업은 처음인 데다가 약품에 대한 전문 지식이 부족해 실수가 잦았다. 어떤 때는 힘들게 약품 주문을 받아 오고도 정작 필요한 품목을 빠뜨려 주인에게 호되게 꾸중을 듣기도 했다. 이런 일이 반복되자 이봉창은 약국 일에 흥미를 잃었다.[1] 할 수만 있다면 다른 직장을 구하고 싶었다.

약국에는 일본인 손님이 많이 드나들었고, 영업을 나가서 만나는 고객도 대부분 일본인이었다. 단골 중에 철도국 영업과 화물계 서기인 이노우에 사카이치라는 일본인이 있었다. 이봉창은 그의 소개로 1919년 8월 용산역 조차계의 시용부試傭夫로 취직했다.[2] 조차계는 기

1 단국대학교 동양학연구소 편, 〈제5회 신문조서〉, 앞의 책, 423쪽.
2 홍인근, 〈조선총독부 경비관계철(소화 7년) 이봉창 관련〉, 앞의 책, 320쪽.

관차나 화물차를 연결하거나 바꿔 달고 다른 선로에 넣거나 나누는 작업을 하는 부서였다. 시용부라는 것으로 보아 이봉창은 처음에 정식 직원이 아니라 현장에서 일하는 최말단 임시 인부로 일했던 것 같다.[3]

처음 1년 동안 이봉창은 빠르게 승진했다. 다섯 달 뒤인 1920년 1월 4일에 역부가 되었고, 2월 4일에는 전철수, 10월 1일에는 연결수로 승진했다.[4] 1년 2개월 만에 시용부에서 연결수로 세 계단이나 승진한 것이다. 빠른 승진은 이봉창이 열심히 일한 노력의 결과였다.

승진에 따라 월급도 크게 올랐다. 역부로 일할 때는 일당 94전을 받았는데 연결수가 되면서 한 달에 40～48원 정도 받았다. 과자 가게나 약국에서 일할 때보다 서너 배나 더 받았다. 사범 학교를 나온 교사나 순사와 비슷한 월급이었다.

이봉창이 연결수가 되었을 무렵 용산역 조차계에는 일본인보다 조선인 직원이 더 많았다. 조선인 7할에 일본인 3할 정도였다. 처음에 일본인 책임자는 조선인이라고 눈에 띄게 차별하지 않았다. 그러나 이봉창이 연결수가 된 지 1년이 지나 조차계 작업 주임이 바뀌면서 상황이 역전되었다. 새로운 주임은 일본인을 점차 많이 쓰기 시작했다. 1년 만에 일본인은 7할로 늘어났고, 조선인은 3할로 줄어들었다.

3　용산역은 1925년에 서울역 새 역사가 지어지기 전까지 조선에서 가장 큰 기차역이었다. 1914년에 완공된 경원선(용산–원산)의 출발역이자, 종로에서 남대문을 지나 원효로4가까지 가는 전차의 종착역이기도 했다.

4　홍인근, 〈조선총독부 경비관계철(소화 7년) 이봉창 관련〉, 앞의 책, 299쪽, 301쪽.

연결수가 된 지 1년이 되자 이봉창은 다른 사람을 가르칠 정도로 업무에 익숙해졌다. 연결수의 작업은 보기에는 쉬워도 제법 어렵고 위험했다. 실수를 하면 기관차나 화물차에 치이거나 바퀴에 깔려 중상을 입거나 목숨을 잃을 수도 있었다. 기관차나 화물차를 바꿔 달기 위해서는 힘과 노련한 경험이 필요한데, 새로운 주임은 연결수의 일을 아주 가볍게 생각했다. 사람들은 한 가지 일에 채 익숙해지기도 전에 다른 일을 하다가 자주 부상을 당했다.

연결수와 전철수의 부주의로 일어난 사고는 대부분 끔찍한 대형 사고였다. 1921년 5월에 호남선 이리역에서 화물차를 바꿔 달던 전철수가 실족으로 떨어져 사망했고,[5] 1925년 7월에는 진남포역에서 기관차와 화물차를 연결하려던 전철수가 열차 사이에 끼여 중상을 입었다.[6] 용산역에서도 사고가 자주 일어났다. 어떤 때는 여덟 명이 한꺼번에 다치기도 했는데, 부상자는 모두 일본인이었다. 1922년 11월 8일에는 기관차를 바꿔 달던 일본인 전철수가 달려오는 기관차에 머리를 치여 머리뼈가 깨어지고 피투성이가 된 채 즉사했다. 죽은 전철수는 아직 신혼이었는데, 부모와 처가 와서 통곡하는 모습이 주위 사람들을 애처롭게 했다.[7]

사고로 일본인들이 희생되어도 조선인 노동자들은 그들을 동정하지 않았다. 일이 서툰 일본인들이 사고를 당하는 것은 당연하며 천벌을 받은 거라고 험담했다. 하지만 이런 끔찍한 사고를 겪어도 주

5 〈전철수 1명 참사〉, 〈동아일보〉 1921년 5월 25일자.

6 〈전철수 중상, 차를 연결하다가〉, 〈동아일보〉 1925년 7월 25일자.

7 〈전철수 우 횡사〉, 〈동아일보〉 1922년 11월 10일자.

임의 생각은 바뀌지 않았다. 계속해서 연결수 자리에 일본인을 투입했고, 그럴수록 조선인 직원들의 불만은 늘어 갔다.

이봉창은 매일 점호 때 하는 일본어로 '운수 5훈' 암기하기나 각 역의 이름 대기에서도 결코 일본인들에게 뒤지지 않았다. 약간 지능이 떨어지는 일본인 연결수가 두세 명 있었는데, 조선인 연결수 중에 그들보다 못하는 사람은 없었다. 그런데도 그 일본인들은 순서대로 승진했다. 이봉창은 차별 대우에 화가 났지만, 한편으로는 일본인이 부럽기도 했다. 이봉창뿐만 아니었다. 조선인 직원들은 모이기만 하면 수군거렸다.

"하여간 돌대가리라도 일본인으로 태어나야 한다니까."

이봉창은 태어나서 처음으로 삶이 참 가치 없다고 생각했다.

'같은 인간으로서 왜 이런 차별을 받아야 하는 걸까? 세상이 참 얄궂다.'

이 얄궂은 차별은 왜 생겼을까? 조선인과 일본인의 차별은 식민 정책의 필연적인 결과였다. 조선시대가 양반과 상놈이라는 출생 신분으로 차등화된 불평등 사회였다면, 일제 강점기는 지배자인 일본인과 피지배자인 조선인이라는 넘어설 수 없는 '민족 신분'으로 차등화된 또 하나의 불평등 사회였다. 1910년 일본은 대한 제국을 강제로 병합한 뒤에 조선인도 일본인과 동등한 권리를 행사할 수 있다고 선전했지만, 실제로는 일본인과 조선인의 차별을 제도화했다. 1922년에 조선 호적령을 제정하여 일본인의 양자가 되거나 일본인 남성과 결혼한 경우를 제외하고는 모두 조선 호적에 편입시켜 조선인을 따로 관리했다.[8] 아무리 친일파라도 일본 이름으로 바꾸는 창씨개명을 쉽게 허락받지 못했다. 만약 조선인들이 일본 이름을 갖게 된다면 일본인은 식민 지배자로서 누리던 특권을 잃어버리는 것이나 다름없었다. 이름을 서로 다르게 표기하는 것은 피부 색깔과 얼굴 생김새가 비슷한 조선인과 일본인을 구분할 수 있는 가장 확실한 방법이었다. 그래서 조선에 와 있는 일본인들은 조선인이 일본 이름을 쓰는 것을 싫어했다.

제도적 차별보다 더 무서운 것은 인간적인 멸시였다. 조선에 온 대부분의 일본인들은 조선인을 멸시와 편견에 가득 찬 눈길로 대했다. 이 같은 일본인의 왜곡된 조선 인식은 역사적으로 뿌리가 깊다. 일본은 청일 전쟁에서 중국을 이기면서 오만해지기 시작했다. 자신들이 그렇게 두려워하던 중국을 꺾었다는 자부심이 중국인에 대한 모멸로 이어졌고, 이때부터 조선인이라는 말은 '가소로운 놈'이나 '비열한 놈'을 대표하는 말이 되었다.[9] 〈경성일보〉와 같은 조선 거주 일본인이 발행하는 신문들은 조선인을 동물에 비유하는 모욕과 비난을 서슴지 않았다.[10]

"어제까지 고양이처럼 양순하던 것이 하루아침에 갑자기 어금니를 갈고 덤벼 오는 데에 놀라고 아찔하면서도 노여워하는 것이 자연스러운 인정이다."

8 정혜경, 〈일제하 在日 한국인 민족운동의 연구〉, 한국정신문화연구원 한국학대학원 박사 논문, 1998, 41쪽.

9 야마다 쇼지, 정선태 옮김, 《가네코 후미코》, 산처럼, 2003, 380~386쪽.

10 강동진, 《일제의 한국침략정책사》, 한길사, 1980, 44~45쪽.

민족 차별은 이봉창이 다니던 철도 회사에서도 심했다. 당시 철도 종사원은 고등관, 판임관, 촉탁, 고원, 용인, 시용의 6단계로 직급이 나누어져 있었다. 1920년 통계에 따르면, 전체 종사원 1만 2050명 가운데 조선인이 5488명으로 전체의 45.5퍼센트를 차지했으나 고등관 중 조선인 칙임관은 한 명도 없었다. 조선인 주임관은 1940년에 겨우 세 명 정도였으며, 중·하급 관리인 판임관 수도 1퍼센트 정도밖에 되지 않았다. 철도국은 처음부터 인건비를 절약하기 위해 상당수의 조선인을 역부 등 현장의 말단직에 채용했는데, 이와 같은 경향은 시간이 지나면서 더욱 강화되었다.[11]

최말단인 용인이나 시용은 글을 조금 읽을 줄 알고 신체가 건강하면 누구나 될 수 있었다. 하지만 용인 위의 직급인 고원의 경우는 달랐다. 상당한 학력이나 경력, 또는 기술을 가진 자로 선발 자격을 제한했다. 그런데 일본인은 능력이 없어도 1년 내지 1년 반 안에 용인에서 고원으로 쉽게 승급했다. 반면 조선인은 아무리 일을 잘하고 착실하게 근무해도 1년이나 1년 반 안에 전철수까지도 올라갈 수 없었다. 조선인은 승진이나 부서 이동에서 눈에 띄게 차별을 받았다.[12]

승진만이 아니었다. 월급과 1년에 두 차례 받는 상여금 지급에서도 조선인은 차별을 받았다. 같은 직급이라도 조선인은 일본인보다 낮은 급여 체계로 월급을 계산해서 주었고, 조선인 관리에게는 상여금도 제대로 주지 않았다. 그러면서 일본인 관리에게는 본봉의 6할

11 정재정, 《일제침략과 한국철도》, 서울대학교 출판부, 1999, 510~520쪽.

12 정재정, 위의 책, 521~523쪽.

이나 되는 가봉을 비롯하여 사택료, 가족 수당 등 각종 명목으로 수당을 지급했다. 1920년대 사범 학교를 나온 조선인 교사들의 월급은 47원이었지만 일본인 교사들은 각종 수당을 합해 75원을 받았다.[13] 1922년 10월 기준으로 조선인 순사는 본봉 35~40원만 받았지만 일본인 순사는 본봉에다 가봉, 사택료 등 각종 수당을 포함해서 초봉이 74원이나 되었다.[14] 이것이 바로 나라를 잃은 식민지 백성의 설움이자 세상이 얄궂은 이유였다.

이봉창은 망설였다. 당장이라도 그만두고 싶었지만 남편에게 버림받은 뒤 자신만을 믿고 사는 병든 어머니 때문에 쉽게 사직할 수 없었다. 특별한 기술이나 학력도 없기 때문에 직장을 그만두면 마땅히 취직할 곳이 없다는 것도 사직을 망설인 또 하나의 이유였다. 결국 이봉창은 분노를 삭이고 현실을 받아들이기로 했다.

> 상대는 일본인이다. 나는 내가 조선인이라는 사실을 명심하지 않으면 안 된다. 설혹 억울하게 내던져지고 차인다 하더라도 말없이 견뎌내지 않으면 안 되는 인간이다. 체념하지 않을 수 없다. 나도 일본인으로 태어났으면 차별이나 학대를 받지 않고 살아갔을 것이다. 불행히도 조선인으로 태어났기 때문에 어쩔 수 없다.[15]

13 강동진, 《일제의 한국침략정책사》, 155~156쪽, 184~190쪽; 다카사키 소지, 이규수 옮김, 앞의 책, 2006, 124~126쪽, 138쪽.
14 〈조선인 순사의 동요〉, 〈동아일보〉 1922년 10월 25일자.
15 단국대학교 동양학연구소 편, 〈상신서〉, 앞의 책, 544쪽.

불행히도 '조선인으로 태어났기 때문에 어쩔 수 없다.'는 체념은 이봉창의 삶의 태도를 바꾸었다. 이봉창은 조선인이 일본인보다 열등하다는 것을 인정하고, 일본인 직원들이 조선인을 흉보고 비난할 때도 그들이 조선에 대해 잘 몰라서 그러는 것이라고 그들을 이해시키려고 노력했다. 그러면서 자신은 일본인으로부터 인정받기 위해 더 열심히 일했다.

그렇게 3년이 지났다. 용산역에서 일한 지 5년째가 되었으나 달라진 것은 아무것도 없었다. 그때까지도 이봉창은 연결수였고, 조선인에 대한 차별 대우도 전혀 개선되지 않았다. 몇 년 전 이봉창과 함께 일했던 일본인은 벌써 고원이 되어 조차계의 책임자가 되었다. 이봉창보다 1년 이상 늦게 들어온 일본인들도 이봉창보다 빨리 승진해 전철수가 되고 조차계 견습이 되었다. 이렇게 되자 이봉창은 자신이 가르쳤던 일본인 밑에서 일하는 처지가 되었다.[16] 일본인들은 이봉창이 단지 조선인이라는 이유로 여전히 무시하고 차별했다. 아무리 노력해도 바뀌지 않는 현실 앞에 이봉창은 점점 지쳐갔다. 똑같은 감정을 가진 인간이면서도 차별 대우를 받아가며 묵묵히 일해야 하는 무능한 자신이 미웠다.

'조선인 주제에 열심히 일해 봤자 무슨 소용이 있어.'

이런 생각이 들자 그때까지 열심히 일해서 일본인들에게 인정받으려고 안간힘을 쓴 일이 허망했다. 이런저런 잡생각을 할수록 일이 손에 잡히지 않았다. 일하는 것도 싫어졌다. 그때부터 이봉창은 게으름

16 단국대학교 동양학연구소 편, 〈공판조서〉, 〈상신서〉, 앞의 책, 506쪽, 544쪽.

을 피웠고, 그럴수록 대우는 더 나빠졌다. 희망 없는 삶은 황폐했다.

이봉창은 친구들에게 자신의 고민을 털어놓았다. 그러나 친구들은 이봉창을 말렸다. 이유는 간단했다. 차별 대우를 받더라도 보통학교를 나와서 용산역 연결수같이 월급을 많이 받는 안정된 직장을 구하기가 쉽지 않았기 때문이다. 친구들은 이봉창이 배부른 투정을 한다고 생각했다.

"울컥하는 마음에 그만둬 봤자 너만 손해야."

"요즘같이 일자리 구하기 힘든 때는 꾹 참고 견디는 수밖에 없어."

"그만두면 어디 갈 데가 있어?"

"……."

친구들의 말에 이봉창은 대답을 하지 못했다. 현실은 냉혹했다. 이봉창이 사직을 결심할 무렵, 실업은 심각한 사회문제였다. 1924년 당시 서울의 조선인 실업자는 가족까지 포함해 5만 명이나 되었다.[17] 당시 서울 인구를 감안하면 다섯 사람 가운데 한 사람이 실업자였던 셈이다. 왜 이런 심각한 실업 문제가 생긴 걸까? 이들은 노동할 힘이 없거나 천성이 게을러서 실업자가 된 것이 아니었다. 일을 하려고 해도 일자리가 없어 이런 비참한 지경에 빠졌다는 것이 당시 신문의 진단이었다. 1924년 5월 22일자 〈동아일보〉에서는 심각한 실업 문제의 원인을 다음과 같이 지적했다.

17 〈허울 좋은 한울타리, 경성부의 인사상담소 실업자 오만 인을 어떻게 구제할까〉, 〈동아일보〉 1924년 6월 16일자.

> 우리가 가질 직업 분야를 일본 사람이 모두 침략하여 월급 많은 고등관부터 냄새나는 위생계 감독까지 거의 다 점령한 것은 말할 것 없고 조그만 장사 자리까지 알뜰히도 빼앗아 가니 우리 사람이야 살 수가 있느냐. 빼앗기는 것이 못생겼다 말을 마라. 잘생기면 무엇하랴. 관력이 뉘게 있으며 금력이 뉘게 있느냐. 이 양대 세력을 등에 진 사람들을 우리가 어찌 당한단 말이냐.[18]

고위직뿐만 아니라 조그마한 장사 자리까지 알뜰하게 빼앗아 가는 것, 그것이 일본 식민 지배의 본질이었다. 40만 명이나 되는 일본인이 조선의 최고 계급으로 생활하고 있다는 〈동아일보〉의 고발[19]이 당시의 상황을 웅변해 준다. 이처럼 실업 문제는 피지배 계급으로 전락한 조선인에게 덧씌워진 숙명적인 굴레였다. 특히 갓 사회에 입문한 청년들의 앞날은 암울했다. 그들은 처음부터 '좋은 일자리는 모두 일본인 차지'라는 절망을 안고 사회생활을 시작해야 했다. 현재뿐만 아니라 미래가 더 절망적이라는 사실은 더 견디기 힘들었다. 청년들에게 희망이 없다는 것, 그것이 일제의 식민 지배를 미화할 수 없는 또 하나의 분명한 이유다.

"그만두면, 불쌍한 네 어머니는 어떻게 할 건데?"

"……."

18 〈사설〉, 〈동아일보〉 1924년 5월 22일자.

19 〈사설: 실업자 도일을 저지〉, 〈동아일보〉 1925년 10월 23일자.

어머니란 말에 이봉창은 또 한 번 말문이 막혔다. 당시 이봉창은 어머니, 조카 은임과 셋이서 살고 있었다. 형 범태는 부인 홍씨가 죽자 어린 딸 은임을 남겨 둔 채[20] 돈을 벌기 위해 함경도 함흥으로 갔다. 거기서 이범태는 여관에서 손님을 끄는 유객꾼으로 1년 정도 일하다가 청진으로 옮겨 생우生牛와 쇠가죽 브로커 일을 했다. 청진으로 옮기면서 아버지를 모셔 갔고, 얼마 뒤에 이복동생 이봉준도 청진으로 가서 청진 토목 출장소에서 일했다.[21] 남편 이진구가 떠나자 소실 주간난은 부업을 해서 얻은 소득과 아들 종태가 공장에 나가서 번 돈으로 생활했다. 그녀는 이봉창이 도쿄 의거를 일으켰을 무렵 금정 1203번지의 집에서 아들을 데리고 행랑살이를 하고 있었다.[22]

형이 떠난 뒤 이봉창의 가족은 이봉창과 조카 은임의 벌이로 생활했다. 은임은 형 범태의 장녀로 이봉창보다 여덟 살 아래였다. 그녀는 용산역 철도국 수산부 공려사(일종의 산후조리원) 양복부 직공으로 일했다.[23] 이봉창이 용산역에 취직하면서 생활이 안정되었는데, 가장인 이봉창이 갑자기 사직한다면 당장 어머니를 부양할 방법이 없었다. 그런데도 자존심 강한 이봉창은 친구들의 말을 듣지 않고 '어떻게든 되겠지.' 하는 생각에 무작정 사직하기로 결심했다.

"비록 거지가 되더라도 이런 차별을 받고는 더 이상 일하고 싶지

20 〈이봉창 의사의 질녀 일인 기술자 식모로〉, 〈동아일보〉 1967년 4월 29일자.

21 홍인근, 〈조선총독부 경비관계철(소화 7년) 이봉창 관련〉, 앞의 책, 302쪽, 308쪽.

22 단국대학교 동양학연구소 편, 〈제5회 신문조서〉, 앞의 책, 423쪽; 〈범인 이봉창의 신분〉, 〈중앙일보〉 1932년 1월 10일자.

23 홍인근, 〈조선총독부 경비관계철(소화 7년) 이봉창 관련〉, 앞의 책, 320쪽.

않아."

"……."

이번에는 친구들이 아무 말도 하지 않았다. 고집 센 이봉창의 마음을 바꾸지 못할 것을 잘 알았기 때문이다. 이봉창은 한번 마음먹은 일은 반드시 해내고, 남의 의견은 결코 받아들이지 않는 성격이었다. 그는 자신의 그런 성격이 나쁘다는 것을 알고 어떻게든 고쳐보려 했지만 뜻대로 되지 않았다.[24]

이봉창이 사직을 결심한 데에는 또 다른 이유가 있었다. 〈신문조서〉에 따르면, 이봉창은 차별 대우에 불만을 품으면서 자포자기의 심정으로 술을 마시고 여자를 가까이했다. 도박에도 손을 댔다. 돈이 부족해서 외상을 긋기 시작했다. 철도 공무원이라는 안정된 신분 덕분에 외상으로 술을 마실 수 있었을 것이다. 하지만 그런 생활은 오래가지 못했다. 시간이 지날수록 외상은 눈덩이처럼 불어났고, 결국 그의 월급으로는 도저히 감당할 수 없는 지경에까지 이르렀다. 이봉창이 사직을 결심할 무렵 외상이 400～500원이나 되었다고 한다.[25] 월급을 한 푼도 쓰지 않고 꼬박 열 달 정도 모아야 갚을 수 있는 큰 돈이었다. 가난한 이봉창은 그 빚을 갚을 능력이 없었다. 이때 누군가 그에게 병을 이유로 퇴직을 신청하면 퇴직 수당을 더 많이 탈 수 있다고 귀띔해 주었다. 당시 이봉창은 지병인 무릎 관절염으로 고생

24 단국대학교 동양학연구소 편, 〈상신서〉, 앞의 책, 544~545쪽.
25 단국대학교 동양학연구소 편, 〈제5회 신문조서〉, 앞의 책, 423쪽.

하고 있었지만 근무를 못할 정도로 심하지는 않았다. 궁지에 몰린 이봉창은 퇴직금을 받아 빚을 청산하기로 하고 관절염을 핑계로 철도병원을 찾아가서 두 달 고생 끝에 진단서를 끊어 사직서를 냈다.[26] 이때가 1924년 4월 14일, 이봉창의 나이 스물네 살, 용산역에 취직한 지 4년 8개월 만이었다.

이봉창은 퇴직금으로 80원을 받았다.[27] 일본 경찰은 이봉창이 신병을 이유로 사직했지만 실상은 주색에 빠져 빚에 쪼들려 퇴직한 것이라고 보았다.[28] 하지만 그것은 일면의 사실일 뿐이다. 앞에서 본대로 이봉창은 민족 차별에 심한 갈등을 겪으면서 용산역 연결수 일을 그만둘 결심을 했다.

26 단국대학교 동양학연구소 편, 〈제5회 신문조서〉, 앞의 책, 423~424쪽.
27 〈범인 이봉창의 신분〉, 〈중앙일보〉 1932년 1월 10일자.
28 홍인근, 〈조선총독부 경비관계철(소화 7년) 이봉창 관련〉, 앞의 책, 299쪽, 301쪽.

일본행을 결심하다

해방감이 든 것은 사직서를 내던 그 순간뿐이었다. 사직서를 내고 돌아오는 내내 이봉창의 마음은 물먹은 솜처럼 무거웠다.

"이놈아, 거기를 그만두면 앞으로 어떻게 먹고살 거야?"

사직을 말리던 병든 어머니의 목소리가 자꾸 귓전에 메아리쳤다. 이봉창은 그런 어머니의 얼굴을 차마 볼 면목이 없었다.

'이제 무엇을 해서 먹고살지?'

막상 사직을 하고 나니 먹고살 길이 막막했다. 열여섯 살의 조카 은임이 받는 월급은 3원 정도였다.[1] 세 식구의 생활비로는 턱없이 부족했다. 병든 어머니를 부양하기 위해 가장인 이봉창이 무엇이든 해야만 했다. 하지만 전문학교를 나오고도 일자리를 구하지 못해 발을

1 〈의사 수발에 바친 청춘, 병고의 노후〉, 〈동아일보〉 1985년 6월 1일자.

구르는 상황에서 보통학교밖에 나오지 못한 이봉창이 갈 곳은 없었다. 스물네 살의 나이에 10여 년 전처럼 다시 상점 점원이나 사환으로 취직할 수는 없었다.

연결수 일을 그만둔 뒤 이봉창은 무엇을 하며 어떻게 생활했을까? 일본으로 가기 전까지 1년 반 동안 이봉창은 거의 놀며 지냈다고 했지만,[2] 그렇다고 무위도식한 것은 아니었다. 〈신문조서〉와 여러 가지 재판 자료를 종합해 보면 이봉창은 일본으로 가기 전까지 적어도 세 가지 일에 참여했다.

제일 먼저 관심을 끄는 것은 금정에 있는 관왕묘(관우 사당) 보존 운동에 참여한 일이다. 관왕묘는 임진왜란 때 조선을 도우러 왔던 명나라 장수 진인이 남대문 밖(지금의 힐튼 호텔 부근)에 지은 것이 그 시초다. 이것을 서울 남쪽에 있다고 하여 남관왕묘(남묘)라고 했는데, 이후 동관왕묘(일명 동묘, 지금의 동대문구 숭인동) 등 전국 곳곳에 관왕묘가 세워지면서 민간 신앙으로 뿌리를 내렸다.[3] 근대적인 신사상이 들어오면서 관왕묘는 신지식인들로부터 반드시 없애야 할 '미신'으로 비판받기도 했지만,[4] 민간의 숭배 열기는 좀처럼 식지 않았다. 아낙네들은 절에 가서 부처에게 복을 비는 것처럼 4월 초파일이나 5월 단오가 되면 관왕묘에 가서 복을 빌었다. 평양에서는 관왕묘 앞에서 아들 낳기를 기원한 부녀자들이 단속에 걸리는 해프닝이 벌

2 단국대학교 동양학연구소 편, 〈제5회 신문조서〉, 앞의 책, 424쪽.

3 관왕 신앙에 대해서는 김탁, 《한국의 관제신앙》, 선학사, 2004 참조.

4 〈관우와 미신〉, 〈동아일보〉 1925년 1월 11일자 및 〈관왕묘의 내력과 숭배 이유〉, 11월 17일자.

어졌다.[5] 개성에서는 시대 역행이라는 비난 속에서도 수백 명의 시민을 부역으로 동원하여 관왕묘를 중수했다.[6]

관왕묘는 일본인과 조선인 사이에 소유권 분쟁을 불러일으키기도 했는데, 대표적인 예가 남묘를 둘러싼 분쟁이다. 일제가 실시한 토지 조사 사업으로 남묘가 국유 재산으로 편입되어 경매에 넘어가자 한 일본인이 남묘 주변의 땅을 사려 했다. 이 소식을 듣고 지역 유지 80여 명이 돈을 거두어 남묘를 사서 공동 명의로 하여 일본인에게 빼앗기는 것을 막았다.[7]

이봉창이 살던 금정 관왕묘에서도 분쟁이 일어났다.[8] 지역 주민들은 관왕묘를 당집이라 부르며 해마다 한 번씩 제사를 지내면서 복을 비는 매우 신성한 곳으로 여겼다. 그런데 조선 총독부가 토지 조사 사업을 벌여 국유 재산으로 편입시킨 금정 관왕묘의 소유권을 지역 주민들의 의사도 물어보지 않고 일본 불교 단체에 넘겨주자 오랫동안 관왕묘를 숭배해 온 지역 주민들이 집단적으로 반발한 것이다. 금정 관왕묘 분쟁도 남묘 분쟁과 마찬가지로 일본인과 한국인의 민족 분쟁의 성격이 강했다.

금정 관왕묘 분쟁은 상당히 오랫동안 논란이 되었던 것 같다. 〈동아일보〉에 금정 관왕묘 분쟁이 보도된 것은 1922년 8월 무렵인데,

5 〈남묘를 재단 조직코자 건물 소유권 문제로 쟁송〉, 〈동아일보〉 1922년 11월 7일자; 〈자식 낳기 위한다는 관왕묘 기도 단속〉, 〈동아일보〉 1938년 7월 21일자.

6 〈시대역행, 관왕묘 중수 부역사건에 대해〉, 〈동아일보〉 1924년 2월 29일자.

7 〈남묘를 재단 조직코자 건물 소유권 문제로 쟁송〉, 〈동아일보〉 1922년 11월 7일자; 〈남묘유지사를 재단법인으로〉, 〈동아일보〉 1923년 7월 5일자.

8 〈관공과 불상의 쟁송〉, 〈동아일보〉 1922년 8월 21일자.

이봉창이 1925년 4월 용산역을 그만둔 이후에 관왕묘 보존 운동에 참여했다는 것은 이 분쟁이 3년 이상 계속되었다는 것을 말해 준다. 자료의 부족으로 이봉창이 관왕묘 보존 운동에서 어떤 역할을 했는지는 분명히 알 수 없다. 다만 이봉창이 관왕묘 보존 운동에 참여한 것은 그가 기독교나 천주교 등과 같은 근대적인 종교나 가치관보다는 민간 신앙에 관심을 가진 보수적인 청년이었음을 말해 준다.

일본으로 가기 전 이봉창의 행적 가운데 또 하나 주목되는 것은 1924년 9월 18일에 조직된 금정청년회 자치부 간사로 활동한 사실이다.[9] 3·1운동 이후 조선 총독부가 사상 단체의 조직을 허용하는 문화 정치를 시행하면서 청년 단체의 조직이 활발했다.[10] 청년 단체 중에는 사회주의자들이 주도한 급진적인 단체도 있었지만 모두가 그런 것은 아니었다. 한글 강습회와 야학 등 신교육 운동을 비롯하여 위생, 야경, 농촌 개량, 생활 개선 등 다양한 프로그램을 진행하는 개량적인 단체들도 많았다.[11]

금정청년회는 어떤 성격의 단체였을까? 〈동아일보〉는 금정청년회가 지·덕·체를 장려하고 상호 부조와 야경, 위생 등을 목적으로 조

9 〈범인 이봉창의 신분〉, 〈중앙일보〉 1932년 1월 10일자; 홍인근, 〈조선총독부 경비관계철(소화 7년) 이봉창 관련〉, 앞의 책, 301쪽.

10 금정청년회가 설립된 1924년은 전국적으로 수많은 청년 단체가 생겨난 '청년 단체의 시대'라고 불릴 만한 해였다. 1924년과 1925년 2년 동안 전국에서 254개의 청년 단체가 조직되었다. 전국적인 청년 조직으로 결성된 조선청년총동맹은 1925년 6월에 회원 수가 5만여 명이나 된다고 보도되었다(안건호·박혜란, 〈1920년대 중·후반 청년운동과 조선청년총동맹〉, 《한국 근현대 청년운동사》, 풀빛, 1995, 94~97쪽).

직된 단체라고 보도했다.[12] 금정청년회는 화재와 도난을 방지하기 위해 야경 순찰을 돌고,[13] 노동 야학부 설립을 위해 자선 연극 공연과 음악회, 무도회를 열어 유지들로부터 기금을 모으는 등의 활동을 벌였다.[14] 일본인 소유의 45평(약 149제곱미터)짜리 건물을 빌려 임시 사무소를 설치하고 지역 유지들의 주도로 의연금을 모집하여 회관을 건축하려고 한 것으로 보아, 금정청년회는 급진적인 단체는 아니었던 것 같다. 이러한 사실은 조선 총독부가 금정청년회를 '온건 단체'로 파악한 데서도 짐작할 수 있다.[15]

이봉창이 금정청년회의 간사로 실무를 담당했다는 것은 용산 금정 지역 유지들의 신뢰를 받고 있었음을 말해 준다. 이러한 이봉창의 행적은 그가 조선 총독부가 실시한 간이 국세 조사의 조사 위원으로 선정된 사실과도 무관하지 않을 것이다.

조선 총독부는 1925년 5월 25일 총독부령 제66호로 〈간이 국세 조사에 관한 건〉을 제정하여 10월 1일 국세 조사를 실시한다고 발표했다. 우리나라에서 시행된 최초의 근대적인 인구 총조사였다. 국세 조사의 실무를 담당하는 조사 위원의 선발 규정은 엄격했다. 조사 위원은 도지사의 추천을 받아 조선 총독이 임명했고, 만약 조사 위

11 안건호, 〈1920년대 전반기 청년운동의 전개〉, 《한국 근현대 청년운동사》, 54~68쪽.

12 〈회관 신축 계획〉, 〈동아일보〉 1925년 1월 14일자.

13 〈금정 일대 야경〉, 〈조선일보〉 1924년 12월 12일자.

14 〈야학부를 설치 금정청년회에서〉, 〈조선일보〉 1926년 1월 26일자; 〈자선극회, 시내 금정에 있는 금정청년회에서〉, 〈동아일보〉 1926년 1월 27일자 및 〈노야를 위해 금정청년회 연극, 유지동정금 답지〉, 2월 4일자.

15 홍인근, 〈조선총독부 경비관계철(소화 7년) 이봉창 관련〉, 앞의 책, 301쪽.

원이 사고로 인하여 조사에 종사하기 어렵거나 부득이한 사정이 있을 때는 부윤 또는 면장이 적당한 자로서 대행하도록 했다. 또 조사 위원을 명예직으로 규정하여 조사 위원에게 휘장을 교부하고 직무를 집행할 때 그것을 착용하도록 했다.

이처럼 국세 조사 위원은 일정한 사회적 지위가 있고 총독부의 식민 정책에 협조한다는 사실을 인정받아야만 선발될 수 있는 명예직이었다. 이 사실은 김태석, 김석태 등 유명한 친일파들의 상당수가 관직 경력에 '국세 조사 위원' 항목을 자랑스럽게 적어 넣은 것으로도 짐작할 수 있다.[16]

이봉창은 화려한 경력을 지닌 친일파들에 비해 내세울 만한 학벌이나 직업, 재산, 사회적 배경도 없었다. 그렇다면 이봉창은 어떤 근거로 국세 조사 위원에 뽑힐 수 있었을까? 제일 먼저 생각해 볼 수 있는 것은 유지들을 중심으로 조직된 금정청년회의 간사로 활동한 경력을 조선 총독부가 인정했을 가능성이다. 다른 한편으로는 앞에서 본 대로 금정청년회를 후원한 지역 유지들이 추천했거나 그들의 후원을 받았을 개연성도 있다. 마지막으로 생각해 볼 수 있는 것은

16 대한 제국 관료 출신으로 일제 강점기 국민협회 총무, 경성부협의원 등을 역임한 김석태는 1925년 9월 1일에 간이 국세 조사 위원에 임명되었고, 고등경찰 출신으로 가평군수 등을 역임한 김태석은 1935년 7월에 임시 국세 조사 위원회 위원장을 역임했다. 대한 제국 호위대 군관 출신으로 경성신사씨자(京城神社氏子) 총대 등을 역임하고 1920년에 임시 호구 조사원으로 촉탁을 받은 김완준도 1925년에 조선 간이 국세 조사원으로 활동했고, 1930년에도 국세 조사원으로 활동했다. 그는 1926년 6월 1일에 조선 총독으로부터 간이 국세 조사 기념 나무잔 한 개를 상으로 받고, 1932년 10월 1일에는 조선 총독부 상훈국 총재로부터 조선 국세 조사 기념장 및 은잔 한 개를 상으로 받았다(《한국 근현대 인물 자료》, 국사편찬위원회(인터넷 서비스)).

용산역에 근무할 때부터 사귄 일본인 친구들의 도움이나 추천을 받았을 가능성이다. 이봉창은 용산역에 취직할 때와 일본으로 떠날 때 평소 알고 지내던 일본인의 도움을 받았다. 유창한 일본어 솜씨와 활달한 성격으로 이봉창이 일본인들과 폭넓게 교제한 사실은 〈신문조서〉나 재판 자료를 통해 확인할 수 있다.

이봉창이 언제 국세 조사 위원에 임명되었는지는 분명하지 않다. 다만 1925년 6월 30일에 경기도 고양군 용강면에서 국세 조사원 임명장 전달식이 있었다는 신문 보도[17]로 보아 적어도 7월 이전에 국세 조사 위원에 임명되었을 것으로 짐작된다. 고양군 용강면은 지금의 아현동과 공덕동 일대로 이봉창이 살던 금정의 이웃 동네다.

조선 총독부는 사상 처음으로 실시하는 간이 국세 조사를 홍보하는 데 많은 신경을 썼다. 서울을 비롯한 주요 도시에 비행기로 홍보물을 뿌렸으며,[18] 7월 초에는 영등포역 앞에서 시험 조사를 실시했다.[19] 하지만 국세 조사 준비는 7월 중순에 전국을 강타한 엄청난 수해로 잠시 주춤했다.

1925년 7월부터 9월 초까지 모두 네 차례에 걸쳐 일어난 '을축년 대홍수'는 미증유의 대재앙이었다. 피해가 가장 심한 곳은 서울이었다. 7월 16일부터 18일까지 사흘 동안 650밀리미터의 비가 쏟아졌는데, 17일 저녁에 내린 장대비로 한강 제방이 터지면서 용산 일대

17 〈국세조사원 임명〉, 〈동아일보〉 1925년 7월 3일자.
18 〈간이국세조사 일에 비행기로 선전?〉, 〈동아일보〉 1925년 7월 7일자.
19 〈간이국세조사〉, 〈동아일보〉 1925년 6월 30일자.

가 물바다가 되었다. 한강 철교 중간 다리가 파손되고, 용산 철도청 관사는 1층 천장까지 물이 차올랐으며, 원효로4가 전차 종점을 비롯하여 삼각지·용산역·용산우체국·원효로4가도 물에 잠겼다. 남영동을 거쳐 서울역과 남대문 일대까지 물이 들어차서 나룻배가 드나들고, 건물의 2층 창문을 열고 탈출하는 진풍경이 연출되기도 했다. 철도의 침수로 열차 운행이 일시 불통이 되고, 통신 두절로 송전선이 고장 나 전차 운행도 중단되었다. 밤이 오면 암흑세계가 되었고, 설상가상으로 수원지까지 침수되어 식수 공급도 끊어졌다. 총 네 차례에 걸친 홍수로 647명이 숨지고 4만 6813호의 가옥이 물에 잠겼다. 전체 피해액은 1억 300만 원으로 당시 조선 총독부 예산의 58퍼센트에 이를 정도로 엄청난 규모였다.

홍수로 용산역도 물바다가 되었으나 효창원(지금의 효창공원)으로 올라가는 언덕배기에 있던 이봉창의 집은 피해를 입지 않았다. 이봉창의 집 뒤쪽에 있던 효창원은 이촌동에서 피난 온 수재민들의 집단 대피소가 되었다. 이촌동에 살던 357호 1814명이 효창원에 지은 임시 건물에 수용되었다.[20]

을축년 대홍수는 조선인들이 일자리를 찾아 일본으로 도항하게 하는 중요한 계기가 되었다. 홍수로 농사를 망친 농민들이 먹고살기 위해 일본으로 가려고 부산으로 몰려들었다. 하지만 조선인 노동자들 때문에 일본 노동자들이 일자리를 잃을 것을 걱정한 조선 총독부는 이를 적극적으로 막았다.[21]

20 〈천여 명 주민 전도(前途)는 걸인, 이재민의 비참한 운명〉, 〈동아일보〉 1925년 8월 8일자.

국세 조사는 예정대로 1925년 10월 전국적으로 일제히 실시되었다. 이봉창은 금정 80번지에서 180번지까지 조사를 맡았다. 그곳은 이봉창이 살고 있는 동네였다. 국세 조사의 공로로 이봉창은 경성부청으로부터 상금 10원과 나무잔을 선물 받았다.[22] 최초의 국세 조사에 참여한 사람들은 총독에게서 나무잔을 선물 받았다. 이러한 사실은 그가 차별 대우에 불만을 품고 용산역을 그만두기는 했지만 현실을 인정하고 일본의 식민 정책에 협조했음을 말해 준다.

이봉창이 일자리를 구하러 일본으로 갈 생각을 한 것은 용산역을 그만두고 얼마 되지 않았을 무렵이다.[23] 〈신문조서〉에서 이봉창은 자신이 일본행을 결심한 이유를 다음과 같이 밝혔다.

> 용산역을 그만두고 놀고 있을 당시 나는 조선에서는 차별 대우를 받지만 일본 내지에서는 오히려 차별 대우를 하지 않는다는 말을 듣고 있었습니다. 그리하여 나는 내지에 오고 싶었던 것입니다.[24]

도쿄 의거 후 조선 총독부에서 이봉창의 행적을 조사한 자료에 따르면, 이봉창은 수해 직후에 시흥에 사는 숙모를 찾아가서 가을쯤

21 〈도당국 저지로 진퇴유곡의 신세, 일본으로 가려는 농촌의 실업자 당국 제지로 진퇴유곡, 부산역두의 도일동포〉, 〈동아일보〉 1925년 10월 22일자 및 〈사설: 실업자 도일을 저지〉, 10월 23일자.

22 단국대학교 동양학연구소 편, 〈제5회 신문조서〉, 앞의 책, 424쪽.

23 단국대학교 동양학연구소 편, 〈제5회 신문조서〉, 앞의 책, 424쪽.

24 단국대학교 동양학연구소 편, 〈제6회 신문조서〉, 앞의 책, 432쪽.

일본으로 건너가겠다고 말했다고 한다.[25] 국세 조사가 끝나면 곧바로 일본으로 가겠다는 결심을 굳힌 것 같다. 동창생만 믿고 무작정 일본에 가기로 했지만,[26] 자신만을 의지하고 사는 병든 어머니 걱정에 차마 떠날 수가 없었다.[27]

현실적인 문제도 있었다. 당시 일본으로 가기 위해서는 최소한의 경비가 필요했다. 서울에서 부산까지 가는 기차삯, 부산에서 일본으로 가는 관부 연락선 뱃삯, 숙식비, 그리고 일본에서 일자리를 구할 때까지 쓸 경비 정도는 있어야 했다. 실업자인 이봉창이 마련하기에는 결코 적은 액수가 아니었다.

까다로운 도항 절차도 일본행을 망설이게 한 중요한 이유였다. 일본으로 가는 조선인은 반드시 관할 경찰서장의 직인이 찍힌 도항증명서를 부산 수상水上경찰서장에게 제출해야 했다. 여기에다가 일본어를 할 줄 알고 취직자리가 확실한 사람으로 여비 이외에 10원 이상을 소지한 사람만 배에 탈 수 있었다.[28] 1925년 10월부터 이듬해 12월까지 도항증명서가 없거나 입국 조건이 미달되거나 소지금이 부족하다는 이유 등으로 14만 5000여 명이 부산에서 승선을 거부당했다. 1926년 한 해 동안 일본으로 건너간 조선인의 1.5배다.[29]

이봉창이 간이 국세 조사에 조사 위원으로 참가한 것도 일본으로

25 홍인근, 〈조선총독부 경비관계철(소화 7년) 이봉창 관련〉, 앞의 책, 320쪽.
26 단국대학교 동양학연구소 편, 〈상신서〉, 앞의 책, 545쪽.
27 단국대학교 동양학연구소 편, 〈제5회 신문조서〉, 앞의 책, 424쪽.
28 역사교과서 재일 코리언의 역사 작성위원회 펴냄, 신준수 외 옮김, 《(역사교과서) 재일 한국인의 역사》, 역사넷, 2007, 41쪽.
29 류교열, 〈부관연락선과 도항증명서제도〉, 《부관연락선과 부산》, 논형, 2007, 98쪽.

가는 도항증명서와 여비를 마련하기 위한 하나의 방편이었을 것으로 짐작된다. 명예직인 국세 조사 위원 경력은 이봉창의 신원을 증명해 줄 확실한 방법이었고, 국세 조사로 받은 포상금 10원은 일본 입국에 필요한 소지금과 같은 액수다.

이봉창이 일본행을 망설이고 있을 때 후지하타라는 일본인이 찾아왔다. 그는 이봉창이 용산역에 근무할 때 알고 지낸 용산 철도국 화물계 직원이었다.

"철도국을 그만두고 일본으로 돌아가게 되어 작별 인사차 왔네. 집사람이 아이를 가져서 아이를 돌봐 줄 여자애가 필요한데, 자네가 혹시 구해 줄 수 있겠나?"

이봉창은 자신이 일본으로 갈 좋은 기회라고 생각했다.

"저에게 올해 열일곱 살 난 조카딸이 있습니다."

"괜찮네."

"그런데 저도 같이 가면 안 될까요? 조선에서는 좋은 일자리를 구하기가 힘들어 일본에 가서 일자리를 알아보려고 합니다."

"그렇게 하세."

"부탁이 하나 더 있습니다."

"뭔가?"

"일본에 갈 여비가 없습니다. 제 조카를 애보개로 데려가는 대신에 여비를 미리 가불받을 수는 없겠습니까?"

"알았네."

후지하타가 돌아간 뒤에 이봉창은 어머니와 조카 은임을 설득해

동의를 얻었다. 이봉창의 목적지는 오사카였다. 인구 200만 명의 오사카는 면방직과 기계 공업 등이 발달한 일본 최대의 공업 도시였다. 일본 기업들은 제품 가격을 낮추기 위해 일본인 노동자보다 임금이 싼 조선인 노동자를 선호했다. 이봉창이 일본으로 떠난 1925년의 통계에 따르면, 재일 조선인 13만 6709명 가운데 3만 4311명이 오사카에 살고 있었다.[30]

이봉창은 조카 은임과 함께 1925년 11월 하순 부산항에서 관부 연락선을 탔다.[31] 까다로운 자격 조건과 입국 절차 때문에 관부 연락선을 타고 일본으로 가는 조선인은 그리 많지 않았다. 이봉창이 일본으로 떠난 그해 관부 연락선을 타고 일본으로 간 승객 31만 7851명 가운데 3분의 1 정도가 조선인이었다.[32]

합법적인 절차를 통해 일본으로 가는 길이 쉽지 않자 각종 편법이 동원되었다. 다른 사람의 신분증명서나 저금통장을 위조하기도 하고 가짜 서류를 만드는 등 비합법적인 방법으로 도일하는 경우가 많았다.[33] 이도 저도 안 되는 경우에는 밀항을 택했다. 여객선에 숨어들거나 브로커에게 적당한 수수료를 주고 작은 발동선을 이용하거나 위조 소개장을 사는 방법이 많이 사용되었다. 노동 브로커가 직접 배를 알선하는 경우에는 브로커가 고용주에게서 노동자에게 줄

30 독립운동사편찬위원회 편,《독립운동사 자료집》별집 3—재일본 한국인 민족운동 자료집, 41쪽.

31 1905년에 첫 출항을 한 관부 연락선은 시모노세키와 부산을 왕래하는 대형 국제 여객선이었다.

32 국사편찬위원회,〈조선총독부 통계연보 1925년도 제13편〉, 제214~216표;〈조선총독부 시정연보 1925년도〉, 297쪽,《일제침략하 한국36년사》7, 1972.

임금의 일부를 선불로 받아 그 돈의 일부를 노동자에게 주고 나머지는 자기 몫으로 챙겼다. 이런 방법은 오늘날 중국 동포나 외국인 노동자 들이 우리나라에 밀입국하는 경우와 별반 다르지 않다. 이 밖에도 탄광에서 십장으로 일하던 조선인이 밀항을 해서 직접 인부를 모집하는 등 조선인이 브로커가 되어 알선하는 경우도 있었다. 1925년부터 1931년까지 총 556건에 3839명의 밀항자가 발각될 정도로 밀항은 사회문제가 되었다.[34]

무작정 일본행 배에 몸을 실은 사람은 이봉창만이 아니었다. 일자리를 구하려고 무작정 오사카로 떠나는 조선인 청년들이 나날이 늘어갔다. 특히 1925년 을축년 대홍수는 조선인 노동자들의 일본 도항을 더욱 부추겼다. 관부 연락선을 타기 위해 적게는 수십 일에서 많게는 몇 달 동안 여관에 머물면서 무작정 기다렸지만, 부산항에 몰린 수천 명 가운데 관부 연락선을 탈 수 있는 사람은 하루에 80명뿐이었다.[35]

그러나 돈을 벌겠다는 일념으로 무작정 현해탄을 건넌 조선인의 삶은 비참했다.

건너가는 사람들은 시모노세키까지의 차표 외에 1원 이상의 돈을 가

33 김인덕, 《식민지시대 재일조선인운동 연구》, 국학자료원, 1996, 30쪽.
34 정혜경, 앞의 박사 논문, 28쪽; 〈조선일보〉 1924년 10월 31일자; 김인덕, 위의 책, 30쪽.
35 〈실업 도일 증가, 회집노동자 수천 명에 매일 승선자 불과 팔십(부산)〉, 〈동아일보〉 1924년 5월 16일자.

진 자가 별로 없어 그네들은 건너간 후 곧 먹을 것이 없어 주린 배를 움켜쥐고 쓸쓸한 거리를 돌아다니며 피눈물을 뿌리는 비참한 현상이라. 일정한 취직할 곳이 없으면 일본을 건너가지 아니하는 것이 좋겠다더라.[36]

이곳 사정을 모르고 맹목으로 들어오시다가는 낭패뿐 아니라 '죽음의 나라로' 갈 것이오니 아무쪼록 가볍게 생각하고 오시지 않기를 바랍니다.[37]

언론의 간절한 호소에도 불구하고 일본으로 떠나는 조선인의 숫자는 나날이 늘어만 갔다. 왜일까? 그만큼 조선의 현실이 절망적이었기 때문이다. 청년들에게 꿈과 희망을 줄 수 있는 국가가 없다는 것은 이처럼 비참하고 슬픈 일이다.

일본으로 떠나기 전 이봉창은 일본에 대해 어떤 생각을 가지고 있었을까? 이봉창은 〈신문조서〉에서 일본으로 떠날 때의 심정을 다음과 같이 진술했다.

"그 당시는 일본 황실이나 정부에 대해서 아무런 불평불만도 느끼지 않고 있었습니다."[38]

"만약 내가 조선에 있었을 때 조선 독립을 생각했다면 나는 내지

36 〈도일 노동 자격증〉, 〈동아일보〉 1923년 1월 22일자.
37 〈자유종: 대판 오시려는 동포에게〉, 〈동아일보〉 1925년 3월 29일자.
38 단국대학교 동양학연구소 편, 〈제2회 신문조서〉, 앞의 책, 393쪽.

(일본)에 오지 않고 그곳에서 무엇인가 방법을 강구했을 것입니다."[39]

이처럼 이봉창은 희망 없는 현실 앞에서 생존을 위해 어쩔 수 없이 일본행을 택했다. 그는 먹고살 길을 찾아 관부 연락선에 무작정 몸을 실은, 1920년대 식민지 이주 노동자 가운데 한 명이었다.

39 단국대학교 동양학연구소 편, 〈제6회 신문조서〉, 앞의 책, 432쪽.

'신일본인' 기노시타 쇼조

일자리를 찾아서 오사카에 도착한 조선인 노동자들이 제일 먼저 찾아간 곳은 '조선인촌'이라고 불리는 조선인 합숙소였다.[1] 아는 사람이 전혀 없는 곳에서 믿고 의지할 데라곤 동포밖에 없을 것 같아 찾아갔지만, 조선인 합숙소는 빈손으로 온 동포들을 또 한 번 울렸다.

> 처음 오사카에 내리면 어떻게 찾든지 조선인촌이라고도 할 만한 시외 쓰루하시 조선 숙소로 찾아가게 됩니다. 숙소란 곳은 놀랄 만합니다. 한 10여 평(약 33제곱미터) 방에 30, 40명 내지 50, 60명이 공동 거처하는 곳입니다. 그 내면 생활의 궁핍한 것이야말로 경험자가 아니면 도저히 상상치 못할 것입니다. 밥값으로 선금을 좀 내고 숙소를 정하

1 정혜경, 《일제시대 재일조선인민족운동연구》, 국학자료원, 2001, 110~111쪽.

게 되면 주인 되는 자가 직업을 주선하여 주는 모양이나 만약 주선이라는 것이 속히 안 되면 주인은 식비 잘릴 염려로 하루 노임이 1원짜리면 80전, 70전에 주문 도리를 각 공장에 합니다. 그렇게 되면 일방으로 실직자가 생기는 동시에 일방에는 새로 취직자가 생깁니다. 이 모양으로 취직자가 실업자로, 실업자가 새로 취직자로 몇 번 변하게 되면 노임은 반값도 못 되게 폭락하고 맙니다. 이쯤에 와서는 밥만 먹여 주면 아무 일이라도 하마 하고 취직하는 이까지 있는 모양입니다.[2]

잠자리보다 더 구하기 어려운 것은 일자리였다. 일자리를 구하러 오사카에 온 조선인들은 대부분 배우지 못하고 별다른 기술이 없는 가난한 하층 노동자나 농민 출신이었다. 그래서 그들이 구할 수 있는 일자리라고는 저임금의 공장 노동, 공사장 인부, 부두 막노동, 탄광 인부, 점원, 하녀, 세탁부, 배달부 등 일본인들이 하기 싫어하는 고된 일뿐이었다. 오늘날 흔히 말하는 3D 업종뿐이었다. 하지만 그런 일자리마저 귀했다. 일자리를 구하지 못해 길거리를 방황하는 조선인 실업자가 무려 8330명이나 되었다고 한다.[3] 네 명 중 한 명이 실업자였던 셈이다.

일자리를 구하는 데 가장 큰 난관은 언어 문제였다. 재일 조선인 노동자 세 명 가운데 한 명 정도는 전혀 일본어를 할 줄 몰랐다.[4] 아무런 연고도 없이 일본에 온 조선인들이 일자리를 구하기 위해 제일

2 〈자유종: 대판 오시려는 동포에게〉, 〈동아일보〉 1925년 3월 29일자.

3 〈대판 재류동포 실업자 팔천여〉, 〈동아일보〉 1925년 5월 18일자.

먼저 찾아가는 곳은 직업소개소였다. 사설 직업소개소에서는 수수료를 받고 소개장을 써 주거나 일자리를 알선해 주었다. 일본어를 할 줄 모르는 조선인 노동자들은 중개인에게 속아 소개료를 갈취당하거나 임금을 중간에 착취당하기도 했다. 그런가 하면 하숙집 주인에게 속아 하숙비를 더 많이 내거나 고향으로의 대리 송금을 빙자한 사기를 당하기도 했다.[5]

이봉창은 오사카 시 고노하나 구에 있는 백씨라는 조선인 하숙집에 거처를 정하고, 오사카에 온 지 사흘째 되는 날부터 일자리를 구하려고 사설 직업소개소를 찾아갔다. 직업소개소를 찾아간 것은 그때가 처음이었다. 이봉창은 수수료를 지불하고 직업소개소에서 받은 소개장을 들고 일자리를 찾아다녔다. 알지도 못하는 곳을 물어물어 겨우 찾아갔는데, 가는 곳마다 이런저런 핑계를 대며 거절했다. 이삼 일 전에 사람을 구했다거나 나이가 많다거나 일이 적성에 맞지 않을 거라는 것 등이 그 이유였다. 처음에는 그 말을 곧이듣고 번번이 거절당해도 열심히 찾아다녔다. 그러나 얼마 지나지 않아 이봉창은 자신이 직업소개소에 속았다는 것을 깨달았다.

그 뒤로 이봉창은 우메다 역 앞에 있는 시립 직업소개소를 드나들었으나 쉽게 일자리를 구하지 못했다. 그러던 어느 날 이봉창은 고

4 오사카 시 사회부에서 조사한 1924년 통계에 따르면, 일본어에 익숙한 조선인 노동자는 남자 19퍼센트, 여자 1.4퍼센트에 불과했고, 전혀 해독이 불가능한 경우도 남자 32퍼센트, 여자 10퍼센트에 이르렀다고 한다(정혜경, 앞의 책, 110~111쪽).

5 조선 총독부 엮음, 하종근 옮김, 《일제식민관료가 분석한 조선인》, 세종출판사, 1995, 43~44쪽.

베 철도 우편국 열차계의 모집 포스터가 붙어 있는 것을 보았다. 열차계라면 용산역에서 근무한 적이 있기 때문에 자신이 있었다. 이봉창은 곧바로 직원에게 물었다.

"어떻게 하면 고베 철도 우편국 열차계 모집에 응모할 수 있습니까?"

"신원증명서와 호적등본만 있으면 채용됩니다."

직원의 말만 믿고 이봉창은 특별 요금을 내고 신원증명서와 호적등본을 부쳐 달라고 고향에 전보를 쳤다. 며칠 뒤에 고향에서 서류가 왔다. 이봉창은 고베 철도 우편국 오사카 출장소로 가서 신원증명서와 호적등본이 들어 있는 서류 봉투를 열차계 주임에게 제출했다. 그러나 주임은 이봉창이 내민 봉투를 뜯어보고는 차갑게 말했다.

"여기서는 채용하지 않습니다."

주임의 말에 이봉창은 당황했다.

"지난번에 담당 직원이 신원증명서와 호적등본만 있으면 채용된다고 해서 고생스럽게 서류를 떼 왔습니다. 채용하지 않는 이유를 알고 싶습니다."

"히로시마 서쪽 지역 사람은 시모노세키 철도 우편국에서 취급하도록 되어 있기 때문에 이곳에서는 채용할 수 없습니다."[6]

하지만 그건 핑계였다. 그것이 사실이라면 고베 철도 우편국 모집 광고를 오사카 시립 직업소개소 사무실 벽에 붙여 놓을 이유가 없었다. 이봉창이 조선인이기 때문에 써 주지 않는 것이었다. 비싼 돈을 내고 고향에 전보까지 쳐서 서류를 제출했는데 모두 쓸모없게

6 단국대학교 동양학연구소 편, 〈상신서〉, 앞의 책, 545쪽.

되었다.

'그러면 처음부터 소개소에 그렇게 일러두어야 할 게 아니오.'

이봉창은 이렇게 한마디 해 주고 싶을 정도로 기분이 상했다. 그러나 냉정히 생각해 보니 결코 그렇지가 않았다. 이봉창은 식민지 백성으로 태어난 나약한 자신을 탓했다.

> 내가 조선인이기 때문에 그쪽에서 그렇게 말하는 것이다. 결코 그쪽이 나쁜 것이 아니라 부탁한 내가 어리석었다. 조선인 주제에 분수도 모르고 보통 사람처럼 얼굴을 내민 내 잘못이다. 이 얼마나 비참한 인간인가. 같은 인간인데도 똑같이 대접해 주지 않는다. 나도 엄연한 신일본인이다. 그런데도 왜 일본인으로 평등하게 대해 주지 않는 걸까?[7]

이봉창은 직업소개소를 찾아가서 오사카 출장소에서 겪은 일을 사실대로 털어놓았다. 그제야 직원은 어디 어디에 가면 조선인만을 다루는 전문 직업소개소가 따로 있다는 사실을 알려 주었다. 이런 직업소개소가 있다는 것을 진작 알려 주었으면 헛고생을 하지 않아도 되었을 것이다. 이봉창은 이 모든 것이 자신이 조선인이기 때문에 겪는 일이라고 스스로를 비관했다.

직업소개소만 믿고 마냥 기다릴 수는 없었다. 그때부터 이봉창은 신문에 난 구인 광고도 유심히 살펴보았다. 12월 초, 이봉창은 오카다 상회에서 발명품 외판원을 수십 명 모집한다는 신문 광고를 보았다.

7 단국대학교 동양학연구소 편, 〈상신서〉, 앞의 책, 546쪽.

'여기도 내가 조선인이라는 사실을 알면 써 주지 않겠지.'

안 될 거라는 생각을 하면서도 혹시나 하는 마음에 한번 응시해보기로 했다. 이봉창은 이력서와 신원증명서를 준비해 오에 빌딩 안에 있는 오카다 상회를 찾아갔다. 사무실 안은 일자리를 구하러 온 사람들로 붐볐다. 이봉창은 곧바로 인사계에 면회를 신청했으나 먼저 온 사람들이 많아 한참을 기다린 뒤에야 인사계에 이력서와 증명서를 제출했다. 그러나 인사계는 이봉창이 제출한 서류를 제대로 보지도 않고 만원이 되었다는 이유로 거절했다. 만원은 아니었지만 이봉창이 조선인이라서 퇴짜를 놓은 것이다.

'역시 조선인이라서 안 되는구나.'

체념에 빠져 돌아서려고 할 때였다. "이봉창 씨!" 하고 누군가 등 뒤에서 그의 이름을 불렀다. 오카다 상회의 총무였다. 그는 원래 조선인은 채용하지 않지만 이봉창이 경성 사람이라는 말을 듣고 한번 써 보기로 했다며 특별히 당부했다.

"나도 전에 경성에서 산 적이 있어 특별히 자네를 추천하여 채용하는 거니 성실하게 일해 주게."

어렵게 구한 첫 직장의 기쁨에 이봉창은 연말까지 바쁘게 뛰어다니며 열심히 일했다. 12월 31일, 간절히 기다리던 첫 월급날이 되었다. 길거리는 연말 분위기로 떠들썩하고 분주했다. 이봉창도 그런 분위기에 휩싸여 잔뜩 기대를 하고 월급을 받으러 상회 사무실을 찾아갔다. 그러나 그의 기대는 총무의 한마디로 물거품처럼 사라졌다.

"미안하네. 경리가 돈을 몽땅 챙겨 도망쳐서 줄 월급이 없네."

아무 말도 못하고 멍하니 서 있는 이봉창에게 총무가 담뱃값이라도 하라며 3엔을 내밀었다.[8] 이틀 일당도 되지 않는 돈이었다. 이로써 첫 월급의 기쁨은 허망하게 날아갔다. 이봉창은 한 달 동안 고생한 대가가 고작 이것인가 하는 생각에 허탈했다.

'세상은 참 얄궂다. 생색을 내며 채용해 준 것까지는 좋았는데 마무리가 이 모양이니 차라리 채용해 주지 않은 것보다 못한 꼴이 되었구나!'[9]

이봉창은 곧바로 그 상회를 그만두었다. 잔뜩 기대했던 일본에서의 첫해는 이렇게 우울함을 남기고 저물어 갔다.

그로부터 두 달 후인 1926년 2월, 이봉창은 오다에게 고용되어 오사카 가스 회사 상용 인부로 취직했다. 여기서 일하면서 이봉창은 처음으로 기노시타 쇼조라는 일본식 이름을 썼다. 조선인이라는 사실을 숨기기 위해 일부러 일본 이름을 지은 것은 아니었다. 이유는 단순했다. 경리과 직원이 부르기 좋은 일본 이름으로 바꿔 달라고 해서 별 생각 없이 그렇게 지었다. 이봉창 주변의 재일 조선인들 대다수가 생활의 편의를 위해 일본 이름을 쓰고 있었기 때문에 이봉창도 그런 관례에 따른 것이다.[10] 이때부터 이봉창은 기노시타 쇼조를 자신의 '일본 이름'이라고 생각하고[11] 일본에서 생활할 때 이 이름을 썼다.

8 단국대학교 동양학연구소 편, 〈제5회 신문조서〉, 앞의 책, 424~425쪽.
9 단국대학교 동양학연구소 편, 〈상신서〉, 앞의 책, 547쪽.
10 단국대학교 동양학연구소 편, 〈제6회 신문조서〉, 앞의 책, 434쪽.
11 단국대학교 동양학연구소 편, 〈제3회 신문조서〉, 앞의 책, 400쪽.

얼마 뒤 이봉창은 간사이 공업 학교 야학부에 입학했다. 문창학교를 졸업하고 학업을 중단한 지 11년 만이었다. 일본에 처음 왔을 때만 하더라도 안정된 직장을 구하지 못했기 때문에 학업은 꿈도 꾸지 못했다. 그런데 가스 회사에 취직해 어느 정도 생활에 여유가 생기자 다시 공부가 하고 싶어졌다. 하지만 가스 회사에 취직한 지 일곱 달 만에 각기병에 걸려 어렵게 시작한 배움의 길도 넉 달 만에 중단해야 했다.

각기병은 제대로 먹지 못해서 걸리는 영양실조의 일종이다.[12] 의학이 발달한 요즘에는 쉽게 치료할 수 있는 간단한 병이지만 그때만 하더라도 무서운 병이었다. 이 병에 걸리면 근육이 마비되거나 걸음을 제대로 걷지 못했고, 심한 경우에는 사망했다. 각기병에 걸렸다는 사실은 이봉창의 영양 상태가 그만큼 좋지 않았다는 것을 말해 준다. 낮에는 일하고 밤에는 야학을 다니는 고된 생활로 끼니도 제대로 챙겨 먹지 못해 병에 걸린 것이다.

이봉창만이 아니었다. 재일 조선인 노동자들 대부분이 비참한 생활을 했다.[13] 한 조선인 노동자는 하루벌이를 하는 독신 남성들이 떼거지로 모여 사는 합숙소 생활의 실상을 다음과 같이 회상했다.

> 먹기 고약한 안남미 밥에다가 썩은 단무지 몇 쪽, 그리고 소금국이 변함없는 우리의 식사였다. 그러고도 하루 식대는 50센, 한 달에 15엔이

12 비타민 B1의 부족으로 생기는 영양실조 증세다.

13 김찬정, 박성태·서태순 옮김, 《재일 한국인 백년사》, 제이앤씨, 2010, 64~65쪽.

었다. 한 달에 하루도 쉬지 않고 취업한다 해도 식비를 제하면 10엔 50센이 나에게 남는다. 그러나 회사 측은 매월 몇 차례씩 휴일이 있도록 규정했다. 그리고 유씨(알선업자)에게 짊어진 빚(밀선 승선비, 선불금, 취직 알선비)을 매달 공제해야 하고, 또 의복비, 이발료, 목욕비, 무슨 약값 등등을 계산하다 보면 빚이 줄기는커녕 점점 늘어나게 마련이다. 이런 형편이니 손에 돈을 쥐어 보기는 아예 그른 것이다.[14]

일본인들은 조선인 노동자들이 술과 도박으로 수입 전체를 낭비한다고 생각했다. 하지만 그런 사람은 소수에 불과했다. 대부분은 갈아입을 옷도 변변치 못하고 형편없는 음식을 먹으면서도 돈을 열심히 저축하고 고향에 착실히 송금했다. 전체 벌이 가운데 작게는 10퍼센트에서 많게는 거의 절반(42퍼센트)에 가까운 돈을 고향에 송금하거나 저축했다.[15] 한 조사에 따르면, 토공의 78퍼센트, 직공의 86퍼센트, 그리고 가장 생활이 불안정한 일용직 노동자조차 65퍼센트나 고향에 송금했다.[16]

그러나 이봉창은 그렇게 착실하게 살았던 것 같지 않다. 이봉창의 생활은 이들보다 나았지만 그가 저축을 하거나 고향에 송금을 했다는 기록은 남아 있지 않다. 일본에 온 지 두세 달이 지났을 무렵 형 이범태 앞으로 20엔을 송금했다는 내용의 편지를 보낸 적은 있으나

14 김태엽, 《투쟁과 증언》, 풀빛, 1981, 42쪽.
15 정혜경, 앞의 박사 논문, 67~68쪽.
16 김찬정, 박성태·서태순 옮김, 앞의 책, 65쪽.

실제로 송금하지는 않았던 것 같다.[17]

이봉창은 휴식이 필요했다. 오사카에는 그가 일본에 올 때 데리고 온 조카딸 은임이 있었다. 하지만 식모살이를 하는 어린 조카에게 의지할 수는 없었다. 오사카 주변에는 동창생이나 고향 친구들도 많았지만 그들 대부분이 하숙이나 자취를 하며 그날 벌어 그날 먹고 사는 어려운 처지였다. 그래서 그들에게 신세질 수도 없었다. 결국 이봉창은 생활 구호 담당자의 도움으로 히가시나리 구의 지케이 병원에 입원했다. 병원에서 석 달 정도 요양을 했으나 별 차도가 없자 그해 12월 효고 현 기노사키에서 표구점을 하는 고니시 쇼지로를 찾아갔다. 그는 이봉창이 경성 무라타 약국에서 일할 때 친하게 지낸, 약국 옆 정육점 주인의 조카였다.

효고 현 북쪽의 동해안에 인접한 기노사키는 온천으로 유명한 곳이다. 8세기경 한 승려에 의해 발견된 것으로 전해지는 기노사키 온천은 1917년에 발표된 시가 나오야의 장편 소설《기노사키에서》의 무대가 되면서 일본 전체에 널리 알려졌다. 이봉창이 요양을 위해 오사카에서 기차로 2시간 30분 이상 걸리는 기노사키까지 간 것은 두 사람의 우정이 각별했기 때문일 것이다. 이봉창은 고니시의 집에서 요양하는 다섯 달 동안 표구점의 심부름을 하면서 일을 도왔다.

어느 정도 건강을 회복하자 이봉창은 기노사키에서 가까운 효고 현 도요오카 정에 있는 간장점에서 한 달 정도 일하다가 1927년 5월

17 홍인근, 앞의 책, 298~299쪽.

초에 오사카로 돌아와 가스 회사에 복직했다. 그런데 그해 12월 초, 이봉창은 뜻하지 않은 일로 가스 회사를 그만두게 된다. 친구 김양수의 동생이 골막염으로 아베노 시민병원에 입원해 수술을 받았는데 간호해 줄 사람이 없었다. 이봉창이 입원 수속과 수술 입회를 대신 맡아보느라 사나흘 정도 회사를 쉬었다. 이 일이 있은 뒤로 경리 담당자는 일거리가 없다는 핑계로 이삼 일에 한 번씩 쉬게 했고, 화가 난 이봉창은 그곳을 그만두었다.[18]

이봉창이 묵고 있는 하숙집에는 부두에서 노동을 하는 조선인이 많았다. 당장 일자리를 구해야 했던 이봉창은 그들을 따라 부두에서 석탄 짐꾼 일을 했다. 이때 이봉창은 기노시타 쇼조라는 일본 이름을 썼다.

이봉창은 새벽 4시에 일어나서 열 명 단위로 조를 지어 부두의 작업장으로 나갔다. "최고의 근육노동이었다."[19]라고 술회할 정도로 부두에서 하는 노동은 이때까지 경험하지 못한 고되고 힘든 육체노동이었다. 이처럼 몸이 힘들어도 참을 수 있었던 이유는 일당이 높았기 때문이다. 첫날 3엔 20센을 받았고, 그다음 이틀 동안은 3엔 50센씩을 받았다. 지금까지 이봉창이 받은 일당 가운데 최고였다. 당시 오사카에서 일하는 조선인 최하층 노동자의 일당은 1엔도 안 되었으며, 조선인 노동자의 평균 일당은 1엔 40센[20]정도였다.

막노동을 한 지 사흘 만에 몸살이 났다. 추운 날씨에 난생처음 중

18 단국대학교 동양학연구소 편, 〈제5회 신문조서〉, 앞의 책, 425~427쪽.

19 단국대학교 동양학연구소 편, 〈상신서〉, 앞의 책, 547쪽.

20 김찬정, 박성태·서태순 옮김, 앞의 책, 68쪽.

노동을 한 탓에 몸에 무리가 온 것이다. 이봉창은 사오 일 쉬다가 다시 일을 나갔다. 그런데 어찌 된 일인지 3엔 50센씩 하던 일당이 2엔 70센에서 2엔 50센으로 도로 깎였다. 일에 익숙해져 더 잘할 수 있는데도 임금은 거꾸로 줄어들었다. 이상하게 생각한 이봉창은 같이 일하는 선배에게 그 이유를 물었다.

"자네가 기노시타 쇼조라는 일본 이름을 썼기 때문에 일본인 소두목(감독관)이 처음에는 자네를 일본인으로 알고 일본인에게 주는 임금을 쳐주었네. 그런데 나중에 자네가 조선인이라는 사실을 알고는 임금을 깎은 거라네."

당시 재일 조선인 노동자들은 조선에서보다 더 심한 차별을 받았다. 이봉창이 받았던 임금 차별은 정도의 차이는 있을망정 재일 조선인 노동자라면 누구나 겪는 일이었다. 그러나 이봉창은 그러한 현실이 이해가 되지 않았다. 자신을 일본인과 똑같은 천황의 백성이라고 생각하고 있던 이봉창은 하급 노동자 사회에서조차 일본인과 조선인을 구별하고 차별하는 현실이 슬펐다.[21]

이봉창은 부두 노동을 그만두고 1928년 2월 친구 김수천의 도움으로 스미토모 신동소의 아마가사키 출장소에 상용 인부로 취직했다. 스미토모 신동소는 스미토모 재벌이 구리선 사업에 진출하기 위해 1897년에 세운 구리 제련 공장을 말한다. 오사카에 본부를 둔 스미토모 재벌은 미쓰이, 미쓰비시와 함께 일본의 3대 재벌 가운데 하

21 단국대학교 동양학연구소 편, 〈제5회 신문조서〉, 〈공판조서〉, 앞의 책, 430쪽, 507쪽.

나였다. 아마가사키 시는 효고 현 남동쪽의 오사카 만에 접한 공업 도시로 오사카에서 가깝다. 아마가사키 출장소에서 일을 시작하면서 이봉창은 다케무라라는 일본인의 집으로 하숙을 옮겼다. 다케무라 하숙집에서는 매일 20~30명가량이 아마가사키 출장소 공작계의 상용 인부로 일을 나갔다. 조선인은 이봉창 혼자였으나 차별 대우는 받지 않았다. 이봉창은 일본인에게 뒤지지 않으려고 열심히 일했다. 얼마 뒤에 이봉창은 야마노 조장의 신임을 얻어 5~10명의 인부를 부리는 일을 맡았다.[22]

그러던 어느 날 공장 안에 두세 명의 직공을 모집한다는 광고가 붙었다. 이봉창은 곧장 서무계로 가서 직공에 응모하려면 어떻게 해야 하는지를 물었다. 처음부터 자신이 조선인이라고 솔직히 말하자 서무계 직원은 조선인이라도 조장 이상 되는 사람의 보증만 받아 오면 채용된다고 대답했다. 이봉창은 야마노 조장에게 보증을 부탁했다. 자신을 아껴 주는 야마노 조장이라면 충분히 보증을 서 줄 것이라고 생각했다. 그러나 그는 이봉창의 청을 거절했다.

"미안하네. 내가 전에 보증을 섰다가 낭패를 당해서……."

이봉창은 실망했다. 자신을 신용해 주는 사람조차 막상 중요한 부탁을 받자 조선인이라는 이유로 차별한다고 생각했다.

그 일이 있고 나서도 이봉창은 아마가사키 출장소에서 계속 일을 했다. 정식 직원이 되지는 못했지만 모처럼 안정된 생활을 할 수 있었다. 생활에 여유가 생기자 이봉창은 다시 공부가 하고 싶어졌다.

22 단국대학교 동양학연구소 편, 〈제5회 신문조서〉, 앞의 책, 427쪽.

하숙생 중에 와세다 대학교 강의록과 수험 준비 잡지 등을 갖고 있는 사람이 있었다. 이봉창은 틈나는 대로 그에게서 책을 빌려 읽었다.[23] 예심 판사에게 "즉위식 때까지 별일 없이 유쾌하게 일했다."[24] 라고 진술한 것으로 보아, 이봉창은 아마가사키 출장소 생활에 어느 정도 만족했던 것 같다. 이런 생활은 그해 11월 교토로 천황 즉위식을 구경 가기 전까지 계속되었다.

23 단국대학교 동양학연구소 편, 〈제5회 신문조서〉, 앞의 책, 429쪽.
24 단국대학교 동양학연구소 편, 〈제5회 신문조서〉, 앞의 책, 427쪽.

유치장에 갇혀 민족을 발견하다

"천황 즉위식 행차 구경하러 가지 않을래?"

이봉창이 묵고 있는 하숙집 건너편 세탁소에서 일하는 최순평이 찾아와서 불쑥 말했다. 이봉창은 그가 처음에 야마즈미라는 일본인으로 행세해서 일본인인 줄 알았다가 우연히 조선인이라는 사실을 안 뒤로 아주 친하게 지냈다. 최순평 역시 여러모로 이봉창과 처지가 비슷한 조선인이었던 것 같다.

"어디서 하는데?"

이봉창은 천황 즉위식이라는 말에 흥미가 생겼다.

"교토 고쇼(도쿄로 천도하기 전까지 1000여 년간 천황들이 살았던 교토의 궁궐)에서 한대."

1926년 12월 25일에 병약한 다이쇼 천황이 사망하자 오랫동안 섭정을 해 오던 스물다섯의 히로히토가 곧바로 천황의 자리를 이어받았다. 하지만 공식적인 천황 즉위식인 즉위 대례는 관례대로 다이쇼의 복상이 끝나는 1928년 11월 10일 교토 고쇼에서 거행하기로 했다. 메이지 유신 이후 일본 정부는 천황의 신성불가침을 강조하고 천황의 가계를 신격화하여 전 국민에게 천황 숭배를 강요했다. 천황 이데올로기는 오랜 전통의 이름으로 국민 국가로서의 통합을 실현하기 위한 이른바 '발명된 전통'임에도 불구하고, 천황의 정신적 권위는 정치적 권력과 결합하여 신앙에 가까운 절대적인 것이 되었다.[1] 하지만 메이지가 확립한 이러한 천황제의 위상은 병약한 다이쇼에 와서 크게 흔들렸다. 이 때문에 천황을 지지하는 세력들은 히로히토의 성대한 즉위 의례를 통해 메이지를 잇는 새로운 천황의 상징을 창출하려고 했다. 일본 정부는 불경기에도 불구하고 즉위식 비용으로 1600만 엔의 예산을 투입했다. 비용과 규모, 참여 인원과 경비 등 모든 면에서 전례가 없는 거창한 즉위식이었다.[2] 신문과 라디오는 1년 내내 매일같이 밤낮으로 즉위식과 관련된 소식을 보도했다.

히로히토의 즉위식이 임박하자 일본 경찰은 교토 일대의 경비를 크게 강화했다. 도쿄에서 불러온 2500명의 경찰을 비롯하여 일본 전역에서 경찰을 차출해 평소보다 세 배나 많은 6000명의 경찰 병력이 교토에 집결했다.[3] 조선 총독부도 종로 경찰서를 비롯하여 조

1 정혜선, 《일본 공산주의 운동과 천황제》, 국학자료원, 2001, 58쪽.

2 허버트 빅스, 오현숙 옮김, 《히로히토 평전》, 삼인, 2010, 218~223쪽.

3 〈육천 경관을 경도로 집중〉, 〈동아일보〉 1928년 9월 14일자 및 〈이천오백 명 응원순사 파견〉, 10월 24일자; 〈어대전 임시의 경도 경비, 평상시에 삼배나 되게 경찰을 증원한다〉, 〈중외일보〉 1928년 9월 14일자.

선 전역에서 경관을 선발해 교토로 파견했다.[4]

11월 6일 오전 8시에 도쿄 역을 출발한 히로히토 부부는 나고야에서 하룻밤을 묵고 다음 날 오후 3시에 교토에 도착할 예정이었다.[5] 히로히토가 교토에 도착한 날 교토 시내의 모든 시장과 은행이 문을 닫고 임시 휴업을 했다.[6]

천황 즉위식 행차는 일본인으로서는 평생 한 번밖에 볼 수 없는 큰 구경거리였다. 고쿄(일본 천황이 거주하는 도쿄의 궁궐)에서 도쿄 역으로 행차하는 거리에는 10만 명이 넘는 인파가, 교토 역에서 고쇼까지의 행차에는 무려 60만 명의 인파가 전국 각지에서 몰려들었다.[7] 삼엄한 경비에도 아랑곳하지 않고 교토 시내는 천황 즉위식을 보기 위해 전국 각지에서 몰려 온 사람들로 붐볐다.

이봉창과 최순평의 사례에서 보듯이 천황 즉위식 행차 구경을 간 사람들은 일본인만이 아니었다. 이들은 왜 천황 즉위식을 보러 갔을까? 이봉창은 〈상신서〉에서 그 이유를 다음과 같이 적었다.

> 실제로 나는 불행한 인간이다. 왜냐하면 조선인으로 태어나 아직 이태왕(고종) 전하의 옥안을 뵌 적이 없으며, 일한합병 후 '신일본인'이 되어 천황 폐하의 옥안을 뵌 적도 없다. 또 조선 역사도 안 배웠고, 일본

4 〈형사를 선발 경도 어대전에 파견〉, 〈동아일보〉 1928년 9월 23일자 및 〈대전경계 응원대 경관 8명 출발〉, 9월 28일자.

5 〈6일 경도어행행, 27일 환어〉, 〈동아일보〉 1928년 11월 6일자.

6 〈경도 각시장, 7일 봉축휴업〉, 〈동아일보〉 1928년 11월 8일자.

7 도미타 쇼지, 유재연 옮김, 《그림엽서로 본 일본 근대》, 논형, 2008, 221쪽.

역사를 배운 적도 없다. 실로 부끄러운 인간이며 가치 없는 인간이다. 국민의 한 사람으로서 그 나라의 역사도 모르고 그 나라 국왕의 옥안도 뵌 적이 없는 것이 참으로 스스로 부끄러웠다.[8]

이봉창은 한 나라의 국민으로서 그 나라의 역사와 왕의 얼굴도 모르는 것이 부끄러운 일이란 것을 스물일곱이 되어서야 처음 깨달았다. 그러나 이때 이봉창이 국민의 도리로써 만나기를 열망한 사람은 대한 제국의 황제가 아니라 일본 제국의 천황이었다. 이봉창은 자신도 엄연한 '신일본인'이기 때문에 천황의 얼굴을 봐야만 진짜 일본인이 될 수 있다고 생각했다. 그래서 그는 하루살이 가난한 노동자였지만 돈을 빌려서라도 반드시 천황의 얼굴을 보겠다고 다짐했다.[9]

이봉창은 아마가사키 출장소에서 함께 일하면서 같은 하숙집에서 묵고 있는 일본인 노동자 마에다 세이지와 상의하여 최순평과 셋이서 천황 즉위식 행차를 구경하러 가기로 했다. 세 사람 다 천황의 얼굴을 본 적이 없었기 때문에 쉽게 의기투합했다. 이봉창은 천황이 도쿄를 출발한 11월 6일 저녁 아는 사람에게 여비를 빌려 일행 두 명과 함께 오사카에서 게이한 전차를 타고 교토로 갔다. 밤늦게 교토에 도착한 세 사람은 여관에 묵을 형편이 되지 않아 번화가에서 밤을 새웠다.

다음 날 아침 세 사람은 미쓰비시 은행 앞에 마련된 참관석에 일

8 단국대학교 동양학연구소 편, 〈상신서〉, 앞의 책, 548쪽.
9 단국대학교 동양학연구소 편, 〈공판조서〉, 앞의 책, 508쪽.

찌감치 자리를 잡고 앉았다. 이윽고 경찰이 천황 행렬을 보러 온 사람들을 몸수색하기 시작했다. 최순평과 마에다가 먼저 검문을 받았다. 두 사람이 무사히 몸수색을 끝내자 이봉창도 안심하고 검문을 받았다. 경찰은 자루 속에 넣어 둔 면도칼과 수건은 검문하지 않고 양복 주머니 속에 넣어 둔 한글과 한문이 섞인 편지를 잠깐 보더니 돌려주었다.

이봉창은 그것으로 검문이 끝났다고 생각했다. 그런데 잠시 뒤에 경찰이 다시 와서 잠깐 편지를 조사해야겠다며 이봉창더러 함께 임시 경비 본부로 가자고 했다. 고향 친구가 보낸 그 편지는 이봉창이 착실하게 일해서 빨리 출세하기를 바란다는 안부 편지였다. 하지만 한글을 읽을 줄 모르는 일본 경찰은 한글과 한문이 섞인 안부 편지를 무슨 암호문이나 되는 줄 착각하고 무작정 임시 경비 본부로 연행했다. 이봉창은 특별한 편지가 아니라서 금방 끝날 것이라고 생각하고 말없이 따라갔다.[10]

임시 경비 본부에는 벌써 열 명 정도가 끌려와 줄지어 서 있었다. 한 시간 반이 지나서야 경찰은 이봉창을 고조 경찰서로 데리고 가서 아무 말도 해 주지 않고 유치장에 가두었다. 그때까지도 이봉창은 천황 즉위식 행차를 볼 수 있다는 희망을 버리지 않았다. 이봉창은 경찰에게 간곡하게 부탁했다.

"친구들과 함께 천황 폐하 즉위식 행차를 구경하러 멀리서 왔습니다. 친구들이 기다리고 있으니 천황 폐하의 옥안을 뵐 수 있도록 빨

10 단국대학교 동양학연구소 편, 〈제4회 신문조서〉, 〈공판조서〉, 앞의 책, 415쪽, 508쪽.

리 조사를 끝내고 내보내 주십시오."

"늦지 않게 보내 줄 테니 걱정 말게."

이봉창은 그 말을 믿고 기다렸지만 시간이 지나도 경찰은 얼굴조차 내비치지 않았다. 이봉창은 초조했다.

'이러다가 즉위식 행차도 구경 못하는 게 아닐까.'

이봉창은 아무 죄도 없는 자신을 유치장에 가두어 두는 이유가 궁금했다. 그때 유치장 안에는 이봉창처럼 억울하게 잡혀 온 사람이 서너 명 더 있었다. 그들 중 한 사람이 딱하다는 듯 말했다.

"즉위식 행차 구경은 포기하는 게 좋을 거요. 이달 27일[11]까지는 천황 폐하께서 환궁하시지 않으니 우리도 그때까지는 꼼짝없이 여기 갇혀 있어야 할 테니까. 너무 걱정 말고 마음 편히 기다려 보시구려."

11월 6일 도쿄를 출발한 히로히토는 27일에 도쿄로 돌아갈 때까지 빽빽한 행사 일정을 소화해야 했다.[12] 특히 즉위 대례가 거행되는 11월 10일 다음 날부터 연회와 심신 정화 의례, 명상, 신도神道 참배 등 각종 축하 행사가 2주일 동안 계속되었다.[13]

유치장은 금방 만원이 되었지만 이봉창과 같은 날 잡혀 온 사람

11 단국대학교 동양학연구소 편, 〈상신서〉(앞의 책, 511쪽)에는 29일로 되어 있지만, 당시 신문 기록을 통해 실제 천황의 일정을 참고로 날짜를 수정했다. 〈상신서〉는 기억에 의존해 적은 기록이기 때문에 천황 환궁 날짜뿐만 아니라 유치장에 갇혀 있던 기간 등 기억에 착오가 있다.

12 〈어대례어일차(御大禮御日次)〉, 〈동아일보〉 1928년 11월 7일자.

13 에드워드 베르, 유경찬 옮김, 《히로히토》, 을유문화사, 2002, 120쪽.

들은 대부분 풀려났다. 절반 정도는 그날 저녁에 풀려났고, 또 얼마는 다음 날 아침에 풀려났다. 마지막까지 남은 사람은 이봉창과 다른 조선인 한 명, 그리고 도박으로 잡혀 온 일본인, 이렇게 세 명이었다.

이봉창이 특별한 이유도 없이 유치장에 갇힌 것은 일본 경찰의 무차별적인 사상범 예비 검속 때문이었다. 일본 경찰은 즉위식 넉 달 전인 7월부터 11월까지 전국에서 1만 4000명, 도쿄에서만 6000명을 검속할 계획을 세웠다. 기존의 감옥 시설로는 도저히 다 수용할 수 없는 인원이었다. 도쿄 경시청은 궁여지책으로 이치가야 형무소에 임시 건물을 설치하고,[14] 평소 '위험인물'로 감시하던 요시찰인 300명을 히로히토가 교토로 떠나기 전에 모두 잡아들였다.[15] 11월 2일 하루 동안 80명을 검거해 29일간의 구류 처분을 결정했는데, 그중 절반이 넘는 50여 명이 조선인이었다.[16] 예비 검속의 목표가 조선인이었음을 보여 주는 단적인 증거다.

일본뿐만이 아니었다. 조선 총독부는 즉위식 경비를 충실히 한다는 핑계로 교토에 임시로 출장소를 설치[17]해 조선인의 활동을 철저히 경계했다. 조선에서도 대대적인 예비 검속과 통신 검열을 실시하

14 〈만사천인 검속 예정, 각 감옥에 가옥 급조〉, 〈동아일보〉 1928년 7월 24일자.

15 〈요시찰인 삼백 명 검거〉, 〈동아일보〉 1928년 10월 28일자.

16 〈경시청 돌연 활동, 팔십여 명 총검거, 조선인만 오십여 명을 검거〉, 〈동아일보〉 1928년 11월 4일자.

17 〈어대전 경계의 충실을 도모하고자, 조선총독부 출장소를 경도에 임시 설치〉, 〈중외일보〉 1928년 10월 28일자.

고, 집회는 물론 음악회와 같은 오락도 일체 금지시켰다.[18] 경상남도 김해군에서는 사냥꾼의 총까지 경찰서에서 수거하는 등 과잉 충성을 과시했다.[19] 당시의 상황을 고려할 때 이봉창도 그 희생자 중 한 명이었지만 그러한 내막을 알 길이 없었다.

유치장에 갇혀 있으면서 이봉창은 아무 죄 없는 사람을 무작정 잡아 가두는 '얄궂은 세상'을 원망했다.

'도대체 내가 무슨 죄를 지었다고 잡아 가두는 걸까? 하루 벌어 하루 먹고 사는 처지에 일을 쉬어가면서까지 여기 온 이유는 교토의 유치장을 구경하기 위해서가 아니다. 나는 일본 국민의 자격으로 천황 폐하를 뵈러 온 것인데, 도대체 왜 이런 수모를 당해야 하나?'

이봉창은 자신이 조선인이기 때문에 이 모든 일이 일어났다고 자책했다.

'내가 조선인으로 태어났기 때문에 이런 압박과 차별을 받는 것이다. 아! 나는 어째서 이렇게 불행한 조선인으로 태어났단 말인가.'

그러나 조선인으로 태어난 것을 자책할수록 더 깊은 절망에 빠질 뿐이었다. 결국 이봉창은 자신이 조선인임을 인정하고 받아들이기로 했다.

'아무리 발버둥 쳐 봐야 나는 별수 없는 조선인이다. 조선인인 주제에 분수도 모르고 일본인으로 착각하고 천황 폐하를 뵈려 한 죄로

18 〈집회는 물론 음악회도 금지〉, 〈동아일보〉 1928년 10월 27일자; 〈어대전 전후로 집회 일절 금지〉, 〈중외일보〉 1928년 10월 24일자.

19 〈어대전 앞두고 김해 특별경계〉, 〈동아일보〉 1928년 9월 4일자.

벌을 받아 유치장에 갇힌 것이다.'

이봉창은 경찰의 폭압적 행동에도 분노했다. 그날 아무 죄 없이 체포된 사람이 고조 경찰서에서만 수십 명이 넘었는데, 대부분 천황 즉위식 행차를 구경하러 수백 리 떨어진 시골에서 왔다가 영문도 모른 채 붙들려 온 사람들이었다. 이봉창은 그들이 각자 고향으로 돌아가서 사람들에게 무슨 말을 할지도 생각해 보았다.

'그들이 각자 집에 돌아가면 부인이나 형제들이 배관에 관한 감상을 이야기해 달라고 할 텐데, 과연 그들은 어떤 대답을 하고 어떤 느낌을 가지게 될까? 그리고 누구를 원망하게 될까?'

이봉창은 경찰이 인민을 보호하기 위해 존재하는 것이지 아무 죄 없는 사람을 유치장에 가두기 위해 존재하는 것이 아니라고 생각했다. 그런가 하면 힘없는 인민들이 경찰의 폭력을 고스란히 받아들이는 것이 세상의 이치인지 의문도 들었다.

이봉창은 유치장에 갇혀 있는 동안 취조를 받거나 고문을 당하지 않았다. 하지만 이때의 경험은 그의 의식을 바꾸는 중요한 계기가 되었다. 이봉창은 유치장에 갇혀 있으면서 처음으로 조국의 독립에 관심을 가지게 되었다. 아무 죄 없는 자신이 이렇게 갇히게 된 것은 보호해 줄 나라가 없기 때문이라고 생각했다.

> 나는 경찰의 지나친 차별 조치에 화가 나기도 하고 또 여러 가지 일들을 생각했습니다. 그 결과 지금까지 조금도 관심을 갖고 있지 않았던 조선 독립 문제에 관심을 갖게 되었고, 앞으로 일본으로부터 조선을 독립시키지 않으면 우리 민족은 행복을 얻을 수 없을 것이라는 것을

생각하게 되어……[20]

민족의 발견, 이것이야말로 이봉창이 유치장에 갇힌 아흐레[21] 동안 얻은 가장 값진 교훈이었다. 그러나 그때까지도 그것은 머릿속에 떠도는 막연한 생각에 불과했지 삶의 방향을 바꿀 만큼 명확한 신념이 되지는 못했다.

20 단국대학교 동양학연구소 편, 〈청취서〉, 앞의 책, 532쪽.

21 단국대학교 동양학연구소 편, 〈신문조서〉, 〈의견서〉, 〈상신서〉에는 11일 동안 갇혀 있었다고 나오지만, 〈공판조서〉에서는 이 사실을 수정했다. 이봉창은 자신이 11일 동안 갇혀 있었다고 생각했지만 조사에 따르면 9일 동안이었다고 한다. 재판장이 "7일 오전 6시 30분에 연행되었다가 15일에 나왔는가."라고 묻자 그렇다고 대답했다(〈공판조서〉, 같은 책, 509쪽).

나는 누구인가?

이봉창이 유치장에 갇힌 지 아흐레가 되어서야 고등계 형사가 얼굴을 내밀었다.

"아무 죄도 없는 나를 이렇게 가두어 두는 이유가 뭡니까?"

이봉창이 따져 묻자 형사는 미안한 듯 말했다.

"내 실은 자네의 편지를 해독할 수 없어 지금까지 그냥 두었네. 두 줄가량은 해석이 붙어 있어 무슨 이야긴 줄 알겠는데, 그다음부터는 도무지 알 수가 없으니 자네가 일본 말로 읽어 주게."

이봉창은 곧바로 그 형사에게 편지 내용을 일본 말로 번역해 읽어 주었다.

"저는 수상한 사람이 아닙니다. 고베 산노미야 경찰서의 고니시 이쿠타로 형사에게 전화해서 물어보면 신원을 자세히 알려 줄 겁니다."

그제야 형사는 태도를 바꾸어 그동안의 무례를 사과했다.

"이번 일은 착오로 생긴 실수이니 신경 쓰지 말고 앞으로 성실하게 일해 주게."

이봉창은 바로 풀려났다. 유치장에 갇힌 지 아흐레가 되는 1928년 11월 15일이었다.[1]

이봉창은 오사카에 도착해서 하루를 쉬고 다음 날 아마가사키 출장소로 갔다. 열흘 가까이 차가운 유치장에서 고생을 한 탓인지 몸이 피곤하고 머리가 어지러웠다. 몸을 추스르느라 닷새 정도 쉬었다가 다시 일을 나갔다.

"천황 즉위식 행차 구경을 갔다더니 왜 이렇게 늦게 왔어?"

인부들은 한참 만에 일을 나온 이봉창을 의심스러운 눈초리로 쳐다봤다. 이봉창은 인부들에게 고향에서 온 편지 때문에 아무 죄 없이 억울하게 유치장에 갇힌 사정을 자세히 이야기했다. 하지만 인부들은 이봉창의 말을 믿지 않았다.

"설마……, 무슨 사상이라도 지니고 있었기 때문이겠지."

인부들은 유치장에 갇혔다가 풀려났다는 사실만으로 이봉창을 노동 운동을 하는 '주의자'로 의심했다. 그렇지 않고서야 열흘씩이나 유치장에 갇혀 있을 이유가 없다고 수군거렸다. 이봉창이 아무리 사정을 설명해도 굳게 닫힌 인부들의 마음은 좀처럼 열리지 않았다. 이봉창은 그런 인부들이 야속했고, 그럴수록 자신이 힘없는 조선인

1 단국대학교 동양학연구소 편, 〈제4회 신문조서〉, 〈제5회 신문조서〉, 〈공판조서〉, 앞의 책, 415~416쪽, 429쪽, 508~509쪽.

으로 태어난 것이 원망스러웠다.

'조선인으로 떳떳하게 살 수 있는 방법은 없는 걸까?'

문득 이런 의문이 들었지만 이봉창은 이 물음에 답을 찾을 수 없었다. 주변에는 온통 일본인들뿐이었고, 자신의 편을 들어 줄 사람은 단 한 사람도 없었다. 그 순간 이봉창은 자신이 조선인이라는 사실이 두려웠다.

'내가 조선인이라는 사실을 드러내면 더 이상 세상을 편안하게 살 수 없지 않을까?'

마음이 혼란스러워지면서 독립운동이 다시 생각났다. 이봉창이 간절히 원한 것은 흔들리는 자신을 이끌어 줄 지도자였다. 이봉창은 당시의 심정을 이렇게 고백했다.

> 이때부터 나는 직장 일이나 생활이 점점 타락으로 치달아 남을 원망하고 세상을 원망하게 되었고, 따라서 사상도 저절로 변해 어떤 사상 운동에 몸과 마음을 던지기로 마음먹고 기회를 엿봤으나 좋은 기회를 찾지 못했다. 그때 특별히 정한 사상은 없었다. 무엇이든 좋다. 누군가 끌어 주는 사람이 있으면 들어갈 기분이었다. 그 후 다시 조선인이기 때문에 아무래도 조선 독립운동에 몸을 던져 우리 2000만 동포를 위해 일하지 않으면 안 된다고 마음먹었으나 기회를 얻지 못했다.[2]

이봉창은 특별한 기회를 기다렸지만 지금까지 '진짜 일본인'이 되

2 단국대학교 동양학연구소 편, 〈상신서〉, 앞의 책, 550쪽.

려고 온갖 노력을 다한 그에게 그런 기회는 좀처럼 오지 않았다. 이봉창은 오사카에서 생활하는 동안 독립운동에 관여하는 사람을 만난 적이 없었고, 실제로 그런 운동에 들어갈 연줄도 없었다.

독립운동에 몸을 던지겠다는 생각을 하면서 이봉창은 처음으로 무산당無産黨(무정부주의 단체)이나 공산당에도 관심을 가지게 되었다. 무산당이나 공산당이 노동자의 처우 개선과 같은 것을 부르짖었기 때문에 자신과 같은 무산 계급을 도와줄 것으로 생각하고 팸플릿을 구해 두세 번 정도 읽어 보았다. 하지만 계급 혁명을 부르짖는 사회주의 강령이 도무지 마음에 와 닿지 않았다.

'지금 내가 차별을 받는 것은 노동자 계급이기 때문이 아니라 나라 없는 조선인이기 때문이 아닌가?'

이봉창은 자신이 조선인인 만큼 먼저 빼앗긴 나라를 되찾는 독립운동에 힘써야 한다고 생각하고 무산당이나 공산당에 들어가려는 생각을 포기했다.

자신이 원하는 삶을 살려면 무엇을 어떻게 해야 하는지 알아야 한다. 그러나 지금까지 스스로 신일본인이라고 생각하고 사회 운동에 아무런 관심도 없이 살아온 이봉창이 갑자기 그 답을 찾을 수는 없었다. 생존을 위해 하루살이 삶을 살던 비슷한 처지의 친구들과도 상의할 수 없었다. 혼자서 고민할수록 더 혼란스러울 뿐이었다. 꽉 막힌 벽 앞에서 이봉창은 처음으로 죽음을 생각했다.

'이렇게 시시하게 사느니 차라리 죽는 것이 낫지 않을까?'

그러나 그런 생각도 잠시뿐이었다. 그렇게 죽는 것은 더 허무할 것 같았다. 전처럼 열심히 일하며 성실히 사는 것이 아무런 의미도 없다고 생각했다. 3년 동안 제대로 먹지도 입지도 못하고 열심히 일했지만 그에게 돌아온 것은 '조센징'이라는 낙인뿐이었고, 그 굴레는 자신의 노력으로는 좀체 벗어날 수 없는 숙명과 같았다.

'벗어날 수 없는 운명이라면 차라리 실컷 즐기는 것이 낫지 않을까?'

그때부터 이봉창은 다시 자포자기의 삶 속에 빠져들었다. 월급을 받으면 술을 마시고 여자를 사서 놀거나 도박을 하는 등 방탕한 생활을 했다. 그렇게 그해가 저물고 1929년 새해가 밝았다. 교토로 천황 즉위식 행차 구경을 같이 갔던 최순평과 어울려 새해 첫날부터 폭음을 했다. 술을 마시다가 도박에 손을 댔고, 결국 일주일 만에 돈을 몽땅 날렸다. 돈이 떨어지자 더 이상 아마가사키 출장소에서 일하고 싶은 미련도 사라졌다.

이봉창은 아마가사키 출장소를 그만두고 한동안 오사카와 고베를 돌아다니며 막노동을 했다. 그러나 막노동은 관절염으로 무릎이 좋지 않은 데다가 각기병으로 몸이 쇠약해진 이봉창이 견디기에는 너무 힘든 일이었다. 1929년 2월 말 이봉창은 같이 일하던 혼마 시게가즈의 소개로 오사카 히가시나리 구 쓰루하시에 있는 야마노 가노스케 비누 도매상에 취직했다.

쓰루하시는 오사카에서 조선인이 가장 많이 모여 사는 제2의 고향과도 같은 곳이었다. 그곳은 일본으로부터 온갖 설움과 차별을 받고 살아야 하는 재일 조선인들이 정신적으로 위로받을 수 있는 유일한 안식처이자 조선인만을 위한 '별천지'였다.[3] 동포들끼리 서로 의지할 수 있었고, 취직과 잠자리 등 생활 문제도 다른 곳보다 쉽게 해결할 수 있었다.

그러나 다시 일본인이 되기로 결심한 이봉창은 그 모든 것을 철저히 외면했다. 비누 가게에 취직하면서 그는 다시 기노시타 쇼조라고 일본인 행세를 했다. 이때부터 그는 본명을 밝히지 않고 항상 일본 이름을 쓰면서 어디를 가든 진짜 일본인처럼 행세했다. 무엇보다 자신이 조선인이라는 사실이 알려지는 것이 두려웠다. 쓰루하시를 비롯해 오사카 근처에는 친구들이 많이 살고 있었지만 연락을 끊었다. 심지어 같은 오사카에 살고 있는 조카 은임에게도 연락하지 않았다.[4] 이은임은 1927년에 이석숭이라는 조선인 노동자와 결혼했는데,[5] 이봉창이 비누 가게에서 일할 무렵 이석숭은 오사카의 한 병원에 입원해 있었다. 1928년 7월 이봉창이 입원 중인 이석숭에게 안부를 묻는 편지를 보낸 것[6]으로 보아 그는 1년 이상 장기간 입원 중이었던 것 같다. 그러나 이봉창은 병문안은커녕 조카와의 연락마저 매정하게 끊었다. 이때 이봉창은 될 수만 있다면 진짜 일본인이 되고 싶었던 것이다. 하지만 마음은 편치 않았다.

이봉창은 비누 가게에서 일하면서 수시로 동포들과 마주쳤다. 단골집에 주문을 받으러 가거나 물건을 배달하러 가서 동포들을 만나는 경우가 많았다. 가게로 물건을 사러 온 동포들은 서툰 일본 말로

3 정혜경, 앞의 박사 논문, 52쪽, 56쪽, 104쪽; 김인덕, 《재일조선인사와 식민지 문화》, 경인문화사, 2005, 116쪽.

4 단국대학교 동양학연구소 편, 〈제5회 신문조서〉, 앞의 책, 428쪽.

5 단국대학교 동양학연구소 편, 〈제4회 신문조서〉, 앞의 책, 417쪽.

6 단국대학교 동양학연구소 편, 〈제8회 신문조서〉, 앞의 책, 470쪽.

이 물건은 얼마냐 저 물건은 얼마냐고 묻기도 하고, 더러 물건 값을 깎아 달라고 조르기도 했다. 그럴 때면 일본인 주인은 귀찮아서 말대꾸를 하지 않거나 아예 욕을 하며 물건을 팔지 않는 경우도 있었다. 그런 모습을 볼 때마다 이봉창은 마음이 아팠지만 자신의 신분이 들통날까 봐 모른 척했다.

그러던 어느 날 조선인 여성이 이봉창의 가게로 물건을 사러 왔다. 그녀는 일본 말을 할 줄 몰라 가게 안으로 들어오지 못하고 밖에서 머뭇거렸다. 이봉창은 사정을 뻔히 알면서도 언제나처럼 모른 척했다. 뒤늦게 밖에서 기웃거리는 낯선 조선인 여성을 발견한 주인은 그녀를 물건을 훔치러 온 도둑으로 오해하고 소리를 질렀다.

"도둑이야!"

화가 난 그녀는 황급히 돌아갔다. 이봉창이 나서서 도와주었으면 간단히 해결될 문제였지만, 주인이 자신을 일본인으로 알고 있기 때문에 차마 나서지 못했다.[7] 그 뒤로 그때의 일이 자꾸 마음에 걸렸다. 무엇보다 양심이 그를 괴롭혔다.

'나는 정말 인정머리 없는 놈이구나. 왜 나는 조선인이면서 양심을 속이고 이렇게 비굴하게 살아야 하는 걸까? 이렇게 사는 것이 사람답게 사는 걸까?'

비누 가게 주인 야마노는 일본 말이 능숙하고 착실한 이봉창을 일본인으로 생각하고 신뢰했다. 그러나 시간이 지나면서 이봉창이 조선인이라는 것을 눈치챘고, 그때부터는 그를 대하는 태도를 조금씩

7 단국대학교 동양학연구소 편, 〈상신서〉, 앞의 책, 551쪽.

바뀌었다. 주인의 태도가 냉담해지자 이봉창은 마음이 언짢았다.

'결국 여기서도 내가 조선인이기 때문에 차별을 받는구나.'

이때부터 이봉창은 또 한 번 자신의 정체성에 대해 심각하게 고민하기 시작했다.

'나는 누구인가?'

이 물음이 이봉창의 주위를 맴돌기 시작했다. 지금까지 이봉창은 일본인으로 속이면 차별이나 설움을 받지 않으며 살 수 있을 것으로 생각했지만 그럴수록 더 괴로울 뿐이었다. 능숙한 일본어 솜씨로 일본인 흉내를 낼 수는 있었지만 뼛속까지 일본인이 될 수는 없었다. 조선인이라는 굴레를 벗어나려고 몸부림칠수록 한편에서는 본명을 쓰며 떳떳하게 살고 싶다는 마음이 커졌다. 마침내 이봉창은 더 이상 이렇게 자신을 속이고 살아서는 안 된다고 생각했다.

'조선인이 조선인으로 행세하지 않는 것은 위선이다. 일본인 따위로 속이고 살 내가 아니다. 나는 조선인이다.'

이봉창은 일본인이 되어 어떻게든 식민지 백성의 굴레를 벗어나려고 몸부림친 자신의 모습이 부끄러웠다. 이봉창은 당시의 심정을 이렇게 고백했다.

> 나는 조선인이라는 것이 남에게 알려지는 것이 두려워 조선에는 편지도 보내지 않았으며, 본명도 밝히지 않고 언제나 일본 이름을 쓰면서 어디에 가든 진짜 일본인 행세를 했습니다. 그러나 마음속으로는 본명을 사용해서는 이 세상을 편안하고 태평스럽게 살 수 없다는 생각에 언짢은 마음을 참을 길이 없었고, 당당하게 본명을 쓰며 살아갈 수 있

게 되었으면 하는 생각이 있었습니다.[8]

이봉창은 당당하게 본명을 쓰고 살려면 빼앗긴 나라를 되찾아 옛날과 같은 독립국으로 만드는 길밖에 없다고 생각했다. 그렇지만 그것 또한 막연했다.

'당장 무엇을 어떻게 해야 한단 말인가?'

이봉창은 이 물음에 답할 수 없었다. 결국 이봉창은 어렵게 자신에게 던진 질문으로부터 다시 고개를 돌렸다. 1929년 9월 이봉창은 수금한 100엔을 가지고 자포자기의 심정으로 도쿄로 도망쳤다.[9] 도쿄에 가면 오사카보다 더 좋은 일자리를 구할 수 있을 것이라는 막연한 기대가 그를 유혹했다. 이봉창은 자신도 모르는 사이에 막다른 골목을 향해 나아가고 있었다. 이봉창이 도쿄로 떠난 지 한 달 후 전 세계를 공포로 몰아넣은 세계 대공황의 쓰나미가 일본을 강타했다.

8 단국대학교 동양학연구소 편, 〈제2회 신문조서〉, 앞의 책, 393쪽.

9 단국대학교 동양학연구소 편, 〈제5회 신문조서〉, 앞의 책, 428쪽.

도쿄에도 희망은 없었다

1929년 10월 24일, 미국 월스트리트에서 시작된 대공황은 전 세계를 궁지로 몰아넣었다. 일본은 그 어떤 나라보다도 피해가 컸다. 물가와 주식이 폭락하고, 수출과 수입도 대폭 감소했다. 주가 폭락은 산업 전반의 위축을 가져와, 생산은 중단되고 노동자들은 해고되기 시작했다. 공업 생산은 70퍼센트로 떨어지고, 무역액은 30~40퍼센트 감소했다. 중소기업은 도산을 하거나 휴업을 했고, 대기업은 종업원 정리와 임금 삭감을 단행하여 수백만 명이 일자리를 잃고 거리를 헤맸다.[1] 1926년에 비해 고용이 4분의 1 수준으로 줄어들었다. 공황이 심각해지자 남의 눈을 피해 한밤중에 도망간 사람과 일자리를 잃은 사람, 목숨을 끊은 사람 등 어두운 소식이 연일 신문의 사회면을

1 정혜경, 앞의 박사 논문, 31쪽.

장식했다.[2]

공황으로 제일 먼저 피해를 입은 사람은 고용이 불안정한 조선인 노동자였다. 일본 기업은 앞다투어 전 일본 노동력의 5분의 1을 점하고 있는 조선인 노동자들을 쫓아내고 그 자리를 일본인 노동자들로 채우려고 했다.[3] 도쿄는 오사카보다 사정이 더 나빴다. 도쿄 시 직업소개소의 통계에 따르면, 이봉창이 도쿄에 오기 한 해 전인 1928년 무렵 도쿄에 거주하는 1만 7000명의 조선인 노동자 가운데 1만 명이 실업자였다.[4] 불황이 심해질수록, 권리를 보호받을 수 없는 조선인 노동자들이 제일 먼저 쫓겨났다.

이봉창은 도쿄에서 마쓰이 가즈오라는 새로운 일본 이름을 썼다. 오사카에서 쓰던 이름을 계속 쓰다가 혹시 정체가 발각될지도 모른다는 두려움 때문에 그렇게 한 것이다. 내세울 만한 학력이나 기술도 없는 이봉창이 구할 수 있는 일자리라고는 오사카에서처럼 상점 점원 일이나 영업직뿐이었다.

처음에 이봉창은 직업소개소의 소개로 어느 고구마 도매상의 점원으로 취직했다. 그러나 짐꾼 같은 힘든 일만 시켜서 사흘 정도 일하다가 그만두었다. 그 뒤로 몇 달 동안 일자리를 구하지 못해 혼조 구(지금의 스미다 구)에 있는 상애회에서 운영하는 무료 숙박소에서 보름 정도 신세를 지다가, 우시고메 구(지금의 신주쿠 구)에 있는 사건

2 정혜선, 앞의 책, 145~146쪽.

3 정혜경, 앞의 박사 논문, 31~32쪽.

4 〈조선인 실업자 1만 동경에서 방황 중〉, 〈동아일보〉 1928년 10월 6일자.

브로커 집으로 옮겨 한 달 정도 묵었다. 그곳에서도 일자리를 구하지 못하자 시나가와 구 고탄다에 있는 고이즈미 조로 옮겨 한 달 정도 머물렀다. 친일 단체로 유명한 상애회와 야쿠자 조직인 고이즈미 조의 신세까지 질 정도로 도쿄에서 이봉창의 삶은 바닥을 쳤다. 도쿄에서의 1년간은 이봉창의 일본 생활 중 가장 어려운 시기였다.

상애회는 일본 정부와 조선 총독부의 지원을 받아 1920년 도쿄에서 조직된 유명한 친일 단체다. 총본부 회장은 이기동이지만, 상애회를 실질적으로 움직인 인물은 일본에서 활동한 대표적인 친일파인 박춘금이었다. 상애회는 1930년 일본 전역에 13개 본부와 35개 지부, 56개 출장소를 둘 정도로 막대한 영향력을 행사했다. 상애회는 겉으로는 일선 융화, 민족적 차별 철폐, 조선인 노동자를 위한 정신적 교화와 경제적 구제 등을 내세웠지만, 실질적으로는 조선인 노동자를 학대하고 폭력을 동원하여 노동 쟁의를 탄압하는 것으로 악명이 높았다. 재일 조선인들이 크게 희생된 1923년 9월의 관동 대지진 때는 조선인 노동자 300명으로 노동 봉사대를 조직해 조선인 학살의 뒤처리를 맡아 원성을 샀다. 특히 도쿄 본부는 관헌과 깡패 들로 폭력단을 조직하여 재일 조선인 노동조합을 습격하는 일을 서슴지 않았다. 상애회의 폭력 활동이 기승을 부리자 재일 조선인 노동 단체에서 자위책으로 자위단을 조직하여 상애회에 대항하면서 곳곳에서 폭력 사태가 벌어지기도 했다.[5]

상애회의 악명 높은 활동은 이봉창이 용산에 살 때부터 조선의 여

5 김인덕, 〈상애회연구〉, 앞의 책, 69~102쪽.

러 신문에 오르내릴 정도로 유명했다. 1924년 3월에 〈동아일보〉 사주 김성수와 사장 송진우를 폭행하고, 1924년 7월에는 하의도 소작 쟁의에 개입하여 폭력을 휘두르기도 했다. 사정이 이러한데도 왜 이봉창은 상애회에서 운영하는 무료 숙박소 신세를 졌을까? 상애회는 겉으로 사회사업 단체를 표방하고 1928년에는 일본 정부로부터 재단 법인으로 정식 인가를 받은 합법 단체였다. 상애회의 실질적인 우두머리인 박춘금은 도쿄에서 일본 중의원 선거에 출마하려고 했기 때문에 조선인 노동자들에게 위장된 '관용'을 베풀었을 가능성이 높다. 박춘금은 이봉창이 천황에게 폭탄을 던진 한 달 뒤인 1932년 2월에 조선인으로서는 처음으로 일본 중의원에 당선되었다. 이런 사정을 고려해 볼 때 노동 운동에 특별한 관심이 없었던 이봉창이 상애회의 정체를 제대로 몰랐을 가능성이 높다.

2년 뒤에 이봉창이 천황에게 폭탄을 던지는 사건이 일어나자 박춘금이 상애회 회원들을 이끌고 천황의 궁성 앞에서 사죄의 절을 올린 것은 역사의 아이러니다. 이봉창이 이 사실을 알았다면 어떤 생각을 했을까? 반대로 박춘금이 이봉창이 한때 상애회의 신세를 졌다는 사실을 알았다면 또 어떤 생각을 했을까?

이봉창이 잠시나마 고이즈미 조라는 야쿠자 조직의 신세를 졌다는 것도 뜻밖의 사실이다. 고이즈미 조는 전 일본 총리 고이즈미 준이치로의 외조부 고이즈미 마타지로가 일군 유명한 야쿠자 조직이다. 일본 근대 야쿠자 조직의 원형으로 거론되는 야마구치 조를 일으킨 야마구치 하루키치는 가난한 시골 출신의 유민이었다. 그는 항만 하역 인부에서 시작해 인부들의 우두머리가 되었고, 나중에 야쿠자 조직의 보스가 되면서 지역의 명망가로 성장했다. 일제 강점기 종로를 주름잡은 김두한 패거리가 그렇듯이, 야쿠자도 일본의 바쿠후 통치와 근대화 과정에서 발생한 소외 계층과 도시 빈민들에게 뿌리를 두고 있다.[6] 그러나 야쿠자 조직이 사회주의자들을 비롯한 좌파 세력들과의 격렬한 싸움을 통해 일본의 우익 정치 세력의 뿌리가 된 것도 분명한 사실이다. 야쿠자 보스였던 고이즈미 마타지로가 일본의 체신상까지 역임한 사실이 이를 잘 말해 준다.

이봉창이 어떤 연줄로 야쿠자 조직인 고이즈미 조의 신세를 졌는지는 분명하지 않다. 다만 도시 부랑자들의 공동체와 비슷한 야쿠자 조직은 먹고 잘 곳이 마땅치 않던 이봉창이 잠시 신세를 지기에 적합한 곳이었을 것으로 짐작된다. 도쿄에는 오사카에서처럼 이봉창이 며칠 신세를 질 수 있는 친구도 없었다.

이봉창은 야나기바시의 요리점에서 두 달 반가량 일하다가 중앙소개소의 주선으로 교바시 구(지금의 주오 구)에 있는 사카구치 해산물 도매상에 취직했다. 처음에는 본점 제조부에서 일하다가 얼마 지나지 않아 시나가와 구 고탄다에 있는 시라키야 분점 판매소로 옮겼다. 시라키야는 미츠코시와 함께 일본을 대표하는 백화점으로 당시 신축 본관 건물은 근대적 백화점의 가장 이상적 전형으로 꼽혔다.[7]

분점 판매소로 옮기면서 이봉창은 영업 실적을 올리기 위해 동업

6 일본 야쿠자의 뿌리에 대해서는 미야자키 마나부, 강우원용 옮김, 《야쿠자, 음지의 권력자들》, 이다미디어, 2008 참조.

7 〈동아일보〉 1932년 8월 9일자.

자와 경쟁해야 했다. 그러나 이봉창은 물건을 더 팔기 위해 동업자와 경쟁하는 것이 싫었고 그 때문에 일에 흥미를 잃었다. 이때 이봉창은 주인집에서 잠자리를 해결했는데 생활이 나태해지면서 자주 외박을 했다. 주인에게 말도 하지 않고 친구 집에서 자거나 여자를 사서 자느라고 이삼 일씩 들어가지 않았다. 주인은 이봉창을 한심스럽다고 꾸짖었고, 이봉창은 그런 잔소리가 듣기 싫었다. 결국 이봉창은 넉 달 만에 그곳을 그만두었다.

도쿄 생활은 오사카 때보다 더 힘들고 고독했다. 이봉창은 한 곳에 오래 있지 못하고 자주 일자리를 옮겼다. 짧으면 사흘 정도였고, 보통은 한 달을 넘지 못했다. 제일 길게 다닌 게 넉 달 정도였다. 불안정한 생활로 친구도 제대로 사귀지 못했다. 해산물 도매상의 일본인 점원 두 명 말고는 특별히 친하게 지낸 사람도 없었다.[8] 한때 솔깃했던 독립운동에 대한 관심도 힘든 생활로 시들해졌다. 오사카에 있을 때보다 열의가 식어 생각하지 않은 날이 더 많았다.[9]

도쿄를 떠난 이유도 말끔하지 않다. 1930년 7월 이봉창은 구세군 소개소의 도움으로 혼조 구에 있는 오오키 가방점 외판원으로 취직했다. 도쿄에서의 마지막 일자리였다. 외판원으로 일한 지 넉 달쯤 될 무렵 이봉창은 요코스카에 출장 갔다가 술을 마시고 여자를 사서 노느라고 수금한 회사 돈 50~60엔을 썼다. 돈을 갚을 길이 막막해지자 이봉창은 자포자기의 심정으로 수금한 돈 50~60엔을 가지고

8 단국대학교 동양학연구소 편, 〈제6회 신문조서〉, 앞의 책, 436쪽.
9 단국대학교 동양학연구소 편, 〈제6회 신문조서〉, 앞의 책, 437쪽.

오사카로 도망쳤다.[10] 1930년 11월 이봉창은 1년 전 오사카를 떠날 때와 똑같은 모습으로 다시 제자리로 돌아왔다.

도쿄는 오사카와 다를 것이라고 생각했지만, 도쿄에도 희망은 없었다. 이봉창은 심각한 불경기로 도쿄에서 더 이상 좋은 일자리를 찾을 수 없다고 생각했다. 그러나 도쿄 생활이 무의미한 것만은 아니었다. 도쿄 경험이 없었더라면 천황 폭살이라는 엄청난 계획을 추진할 생각조차 못했을 것이다.

이봉창은 오사카에 있는 싸구려 여인숙에 이봉창이라는 본명으로 숙박했다. 도쿄의 가방 가게를 나올 때 수금한 돈을 가지고 도망쳐 일본 이름을 쓰는 것이 위험하다고 생각했기 때문이다.[11]

오사카에서 다시 일자리를 구해 보려고 애를 썼으나 상황은 1년 전 오사카를 떠났을 때보다 더 나빴다. 1930년 6월 기준으로 일본인 노동자의 실업률이 5.12퍼센트인 데 비해 재일 조선인 노동자의 실업률은 15퍼센트였다. 조선인 노동자의 실업률이 일본인 노동자의 세 배를 웃돌았다. 다른 곳도 마찬가지였다.[12]

오사카에 도착한 지 이삼 일이 지났다. 그날도 이봉창은 일자리를 알아보려고 구조도리를 걷다가 우연히 박태산이라는 친구를 만났다. 그는 1926년 무렵 오사카의 조선인 하숙집에서 지낼 때 알게 된 친구로 그렇게 친한 편은 아니었으나 나이가 비슷해서 계속 연락하

10 단국대학교 동양학연구소 편, 〈제6회 신문조서〉, 앞의 책, 435~436쪽.
11 단국대학교 동양학연구소 편, 〈제6회 신문조서〉, 앞의 책, 436쪽.
12 김인덕, 앞의 책, 1996, 39~40쪽.

고 지냈다.[13] 박태산은 이치오카 청년회관 앞의 나영호 집에 묵고 있다면서 시간이 되면 놀러 오라고 했다. 그날 밤 이봉창은 박태산을 찾아갔다. 이봉창은 박태산에게 도쿄도 불경기라 재미가 없어 오사카로 돌아와서 일자리를 찾는 중이라고 말했다. 이런저런 이야기를 하다가 박태산이 불쑥 이런 말을 했다.

"차라리 상하이에 가는 것은 어때?"

이봉창은 처음 들어 보는 낯선 도시에 호기심이 생겼다.

"상하이라고?"

이봉창이 놀라서 되묻자 박태산이 말을 이었다.

"상하이에 우리 조선 사람이 세운 임시 정부와 교민단이 있어 여러 가지로 조선인들을 돌봐 준다는 이야기를 들었어. 영국인이 운영하는 전차 회사에서는 조선인들을 우대하여 전차 검표원으로 써 준다고 하니 여기보다 일자리를 구하기 쉽지 않을까?"

박태산의 말은 사실이었다. 이 무렵 상하이에서 영국 전차 회사나 버스 회사의 검표원으로 일하는 조선 청년들이 150~160명 정도 되었다. 이들은 비교적 월급도 많고 생활도 안정적이어서 조선 청년들에게 선망의 대상이었다. 전차 검표원은 기술이 없는 조선 청년들이 상하이에서 구할 수 있는 가장 좋은 일자리였는데, 이런 소문이 멀리 일본에까지 전해졌던 것이다.[14]

떳떳하게 조선인으로 살 수 있다는 말에 이봉창은 망설이지 않고

13 단국대학교 동양학연구소 편, 〈제4회 신문조서〉, 앞의 책, 416~417쪽.

14 손과지, 《상해한인사회사: 1910~1945》, 한울, 2001, 128쪽.

바로 상하이로 가기로 결심했다. 일본 생활에는 더 이상 미련이 없었다.

> 나는 2년 정도 일본인으로 위장하여 살아 보면서 고통을 겪었기 때문에 이제부터는 본명인 이봉창으로 살아가기로 하고 차별이나 압박을 받더라도 관계가 없는 조선인으로 생활하기로 마음먹고 있던 때라서 곧 결심하고 상하이로 갔다.[15]

> 실은 그때는 상하이에서 독립운동에 참가하고 싶은 생각은 전혀 갖고 있지 않았습니다. 단지 영국인이 경영하는 전차 회사에 들어가 앞으로 떳떳하게 조선인으로서 생활하고자 하는 생각만으로 상하이에 가기로 했던 것입니다.[16]

이봉창은 이때 처음으로 임시 정부의 이름을 들었다. 그는 임시 정부를 조선인을 보호해 주고 취직자리를 알선해 주는 교민단과 비슷한 단체로 알았다. 당연히 김구가 누구인지도 몰랐다. 이봉창은 불경기로 일자리를 구하지 못해 고민하던 상황에서 상하이에 가면 좋은 일자리를 구할 수 있으리라는 기대와 함께 그곳에서는 조선인이라는 이유로 차별 대우를 받지 않고 떳떳하게 살 수 있을 거라는 생각을 품고 상하이행을 결심했다.

15 단국대학교 동양학연구소 편, 〈상신서〉, 앞의 책, 552쪽.
16 단국대학교 동양학연구소 편, 〈제6회 신문조서〉, 앞의 책, 438~439쪽.

상하이로 떠나기 전 이봉창은 조카사위 이석승에게 엽서를 썼다. 그것은 조카딸 이은임에게 보내는 사죄의 엽서였다.

"그동안 병문안도 한 번 못 가고 연락도 없어 미안하다. 갑자기 상하이로 떠나게 되어 작별 인사도 못하고 간다. 도착해서 또 연락하마."

1930년 12월 6일, 이봉창은 오사카 짓코에서 상하이로 가는 배에 탔다. 일본에 온 지 5년 만의 일이었다. 일본을 떠날 때는 더 이상 자신을 속이지 않고 떳떳하게 조선인으로 살고 싶은 생각이 간절했다. 그러나 현실은 만만치 않았다. 상하이행 배에 탈 때에도 이봉창은 일본인 기노시타 쇼조로 속이고 승선했다.

'난 왜 이렇게 장돌뱅이처럼 떠돌아다녀야 하는 걸까? 상하이에서는 당당한 조선인으로 살 수 있을까?'

이봉창은 희망과 불안이 교차하는 마음으로 낯선 상하이를 향해 떠났다.

상하이에서 천황 폭살을 결심하다

이봉창이 상하이 임시 정부를 찾아왔을 무렵 임시 정부에 몸담고 있던 독립운동가들의 생활은 비참했다. 1919년 4월 출범 당시만 하더라도 프랑스 조계의 중심가인 하비로에 근사한 2층집을 임대해 정부 청사로 쓰고 인도인 경비를 고용할 정도로 임시 정부는 권위와 위엄을 과시했다. 그러나 그런 호사스러움은 오래가지 못했다. 나라 안팎에서 부쳐오던 후원금의 액수가 줄어들면서 임시 정부는 재정 부족으로 허덕이기 시작했다. 1920년에 6만 9000달러에 이르렀던 임시 정부의 재정 수입은 1927년에는 1445달러, 1928년에는 975달러로 급격하게 줄어들었다.[1]

1 윤대원, 〈대한민국임시정부 전반기(1919~1932)의 재정제도의 운영〉, 《대한민국임시정부 수립80주년기념논문집》 상, 국가보훈처, 1999, 253~260쪽.

살림살이가 궁색해지고 좌우의 이념 대립으로 임시 정부가 분열되자 구름처럼 사방에서 몰려들던 독립운동가들도 하나 둘씩 임시 정부를 떠났다. 고독하게 임시 정부를 지킨 사람은 임시 정부 초대 경무국장 김구였다. 김구는 당시의 눈물겨운 정황을 이렇게 회고했다.

> 헌법을 고치고 나서 정부의 분란은 일단 가라앉았으나 경제적으로는 여전히 정부의 명의마저 유지할 길이 막막했다. 청사 임대료가 불과 30원, 고용인 월급이 20원을 넘지 않았으나 그것마저 지불할 능력이 없어 집세 문제로 집주인에게 이따금 소송을 당하기도 했다. ……
> 이승만 대통령이 취임 시무할 때는 중국 인사는 물론이고 눈 푸르고 코 큰 영국·프랑스·미국 친구들도 더러 임시 정부를 찾아왔지만 이제는 한 사람도 찾아오는 이가 없다. 서양인이라고는 공무국의 프랑스 순경이 왜놈을 데리고 사람을 잡으러 오거나 세금 독촉하러 오는 것이 전부였다. 서양 사람들 틈 속에 끼여 살았지만 서양인 친구라고는 한 사람도 찾아오는 사람이 없었다. 그렇지만 해마다 크리스마스가 되면 적어도 몇백 원어치의 물품을 사서 프랑스 영사와 공무국과 예전의 서양 친구들에게 보냈다. 어떠한 어려운 일이 있어도 이 일만은 14년 동안 한 해도 빠뜨리지 않았던 것은 우리 임시 정부가 존재한다는 사실을 그들에게 인식시키기 위해서였다.[2]

김구는 10년 동안 여러 가지로 임시 정부에 편의를 제공해 준 프

2 김구, 배경식 풀고 보탬, 앞의 책, 484쪽, 490쪽.

랑스 경찰 간부가 귀국하게 되자 그 호의에 대한 감사의 표시로 50달러짜리 촛대 한 쌍을 선물했다.[3] 월 30원의 사무실 임대료도 제대로 내지 못하는 궁색한 임시 정부 형편에 50달러짜리 촛대를 선물한 것은 임시 정부의 존재를 알리기 위한 '눈물겨운 외교'이자 처절한 생존 투쟁이었다. 일본과 싸우기 이전에 살아남는 것이 중요한 문제로 떠올랐다. 임시 정부의 살림꾼으로 김구를 가까이서 시중든 정정화는 임시 정부 요인들의 궁색한 살림살이를 다음과 같이 실감나게 회상했다.

> 상하이에서의 생활이라는 것은 그저 하루 먹고 하루 먹고 하면서 간신히 꾸려 나가는 게 고작이었다. 식생활이라고 해야 가까스로 주먹덩이 밥을 면할 정도였고, 반찬은 그저 밥 넘어가게끔 최소한의 종류 한두 가지뿐이었다. …… 상하이에 있는 동안은 한복을 입지 않고 짱산이라는 중국옷을 …… 아주 헐값에 천을 사서 만들어 입었는데 …… 신발이라고 해서 구두나 운동화 따위의 가죽, 고무 제품은 엄두도 내지 못할 실정이었고, 고작해야 헌 헝겊 조각을 모아 몇 겹씩 겹쳐서 발 모양을 내고 송곳으로 구멍을 내서 마라는 단단한 실로 촘촘하고 단단하게 바닥을 누벼서 신고 다녔다. 그나마도 집안 살림을 꾸리는 사람이 꽤 바지런하다는 소리를 듣는 집 식구들이나 얻어 신고 다닐 정도이고 그 외에는 짚새기(짚신)를 끌고 다니는 사람이 대다수였다. 그러니 구두는 고사하고 운동화만 신고 다녀도 일종의 사치에 속했다. 너나 할 것

3 국회도서관 편, 《한국민족운동사료》 중국 편, 1976, 634쪽.

없이 임정의 그늘 아래 몸 드리우고 사는 사람은 헝겊신마저도 감지덕지할 지경이었다. 백범 같은 분은 여기저기 다니기를 잘하니까 그 헝겊신의 바닥이 남아날 날이 없었다. 바닥은 다 닳아 너덜거리니 명색만 신발 바닥이고 신발 목 부분만 성한 채로 매달려 있는 꼴이었다.[4]

생존의 위기에 내몰린 독립운동가들이 신념을 지키고 독립운동을 계속하는 것은 쉬운 일이 아니었다. 굶주림을 견디지 못한 독립운동가들은 독립운동을 포기하거나 먹고살 길을 찾아 뿔뿔이 흩어졌다. 또 더러는 변절자가 되어 국내로 돌아가기도 했다. 임시 정부 군무차장 김희선과 〈독립신문〉 사장 이광수가 바로 그런 사람들이었다. 길고 긴 고난의 시기에는 변절하지 않고 참고 견디는 것도 독립운동이었다.

생활고로 김구는 가족과 생이별하는 고통을 감수해야만 했다. 1924년 1월에 폐병으로 고생하던 아내 최준례가 상하이의 한 병원에서 남편의 얼굴도 보지 못한 채 쓸쓸히 눈을 감았다. 이듬해에는 김구의 어머니 곽낙원이 아들의 어려운 처지를 더 이상 지켜볼 수 없어 둘째 손자 신信을 데리고 고향으로 돌아갔다. 2년 뒤에는 김구의 큰아들 인仁마저 고향으로 돌아갔다. 고향으로 돌아간 어머니와 두 아들은 김용진, 김홍량 등 안악 김씨 문중의 보살핌으로 생활했다.[5]

4 정정화, 《녹두꽃》, 미완, 1987, 71~72쪽.
5 김구, 배경식 풀고 보탬, 앞의 책, 364~365쪽.

생활이 쪼들리자 임시 정부 살림을 책임지는 재무장 김갑마저 임시 정부를 떠났다. 이봉창이 상하이에 도착했을 무렵 임시 정부는 김구, 이동녕, 오영선, 김철 등 국무 위원 네 사람이 겨우 간판을 지키고 있었다.

네 사람의 국무 위원 중에서 처지가 가장 딱한 사람은 김구였다. 이동녕은 프랑스 공무국에 다니는 엄항섭의 집에 얹혀살았고, 오영선은 전화국에 근무하는 아내가 받아오는 50원의 월급으로 생활했다. 그리고 김철은 고향에서 형이 보내 주는 돈과 아내가 산파 일을 해서 버는 수입으로 보통 생활 정도는 유지했다.[6] 반면 김구는 일정한 수입 없이 이 집 저 집 돌아다니면서 동포들의 동냥밥으로 생활했다. 당시의 참담한 상황을 김구는 다음과 같이 회고했다.

> 인이마저 보내고 나서는 그림자나 짝하며 사는 외로운 신세가 되었다. 잠은 임시 정부 청사에서 자고, 밥은 직업 있는 동포들 집에서 얻어먹으며 지내니, 거지 중 상거지였다. 동포들이 내 처지를 잘 알고 있어서 어느 집을 찾아가도 푸대접을 받지는 않았다.[7]

임시 정부 최고 지도자인 김구의 삶이 거지 중 상거지였다는 고백이 당시 독립운동가들의 처참한 실상을 웅변해 준다.

김구의 안타까운 처지를 동정하고 보살펴 준 정정화는 김구의 모

6 함양여씨대종회, 〈여운형 경찰조서〉, 《몽양 여운형 전집》 1, 한울, 1993, 414쪽.
7 김구, 배경식 풀고 보탬, 앞의 책, 485쪽.

습을 이렇게 회고했다.

> 여기저기 다니다가 배가 출출하면 서너 시쯤 백범이 우리 집으로 온다. …… 반찬거리를 사다가 밥을 지어서 갖다 드리면 어떻게나 달게 드시는지 빨리 형편이 펴서 좀 더 나은 걸 해 드렸으면 하는 마음이 간절했다. 궁하기가 짝이 없어도 언제나 꿋꿋하고 굳센 분이라 속상한 일이라도 있으면 하루 종일 말 한 마디 없이 꾹 참고 앉아서 궐련만 피우곤 했다.[8]

한 끼 밥을 구걸해 겨우 끼니를 이어가는 어려운 환경 속에서도 김구는 독립운동에 대한 열망을 포기하지 않았다. 침체된 분위기를 발전시키기 위해서는 무슨 일이든지 해야 하는 절박한 상황이었다. 굶주린 배를 움켜잡고 김구는 곰곰이 생각했다.

'싸울 동지도, 군대도, 조직도, 돈도 없다. 아무것도 가진 것 없이 어떻게 잃어버린 나라를 되찾을 수 있을까?'

죽음을 각오하고 무엇이든지 해야만 했다. 이때 김구가 생각한 방법이 '최소의 노력으로 최대의 효과'를 거둘 수 있는 폭렬 행동, 곧 의열 투쟁이었다.

4월 말경 이봉창은 김구를 찾아갔다.

"천황이 행차할 때 정말 폭탄을 던질 수 있겠소?"

8 정정화, 앞의 책, 76~77쪽.

김구는 지난번에 만났을 때와는 달리 진지하게 물었다.

"저는 일본에 오래 살았고 도쿄 지리도 잘 알기 때문에 폭탄만 손에 들어오면 천황을 향해 던지는 것은 어렵지 않습니다."

이봉창은 이때까지만 하더라도 천황을 죽이는 것에 별다른 의미를 두지 않았다. 이봉창이 말했다.

"천황을 죽이는 것은 하찮은 일입니다."

"그건 왜 그런가?"

"천황은 신과 같은 장식물에 불과해서 천황을 죽인다 한들 조선의 독립에 별 도움이 되지 않을 것 같습니다."

"그러면 자네가 지난번 임시 정부 직원들과 술을 마시면서 천황을 죽이는 일은 어렵지 않다고 큰소리친 것은 무슨 까닭인가?"

"그때는 취기도 올랐지만, 독립운동을 한답시고 여태 아무것도 하지 못하고 궁색하게 살고 있는 그들이 하도 답답해서 한 말입니다. 하지만 꼭 천황을 죽이는 일이 아니더라도 조국을 위해 무엇이든 보탬이 되는 큰일을 하고 싶다고 말한 것은 진심입니다."

김구는 이봉창의 생각이 궁금했다.

"그렇다면 자네는 누구를 죽이는 것이 좋다고 생각하는가?"

"천황보다는 오히려 총리대신이나 조선의 독립을 방해하는 일본 고위 관리들을 죽이는 편이 더 효과가 크지 않을까요?"

그러나 김구의 생각은 달랐다. 이전에도 총리대신이나 고위 관리를 노린 적은 많았지만, 그들과 천황이 가지는 상징성에는 큰 차이가 있었다. 김구는 이봉창에게 왜 천황을 목표로 해야 하는지 그 이유를 상세하게 설명했다.

"그렇지 않다네. 자네 말대로 천황이 일본의 장식물인 것은 분명하지만 천황은 일본의 정신적 상징이라네. 대외적으로 막강한 권위를 지니고 있기 때문에 천황을 죽이는 것이 훨씬 효과가 크네. 세상을 깜짝 놀라게 해야만 강대국들이 우리나라의 독립에 조금이라도 관심을 가지고 도와주려고 할 거네. 독립운동이 침체한 지금으로서는 그것만이 조선의 독립을 앞당길 수 있는 최선의 방법일세."[9]

조국의 독립을 위해 무엇인가 '큰일'을 하기로 결심한 이상 그 대상이 누구인지는 굳이 중요하지 않았다. 이봉창은 표적을 선택하는 일은 독립운동에 밝은 김구의 의견을 따르는 것이 좋겠다고 생각했다.

5월 말경 이봉창은 다시 임시 정부 사무실로 김구를 찾아갔다. 이봉창은 조급했다. 김구의 연락을 무작정 기다리는 것보단 일단 어떤 단체든지 들어가서 활동하고 싶었다.

"상하이에 독립운동 단체가 있으면 가입하고 싶은데 그런 단체는 없습니까?"

"독립운동 단체가 두세 개 있기는 하지만 어느 것도 착실하지 않아서 그런 단체에 들어가는 것은 아무 소용이 없네."

"혹시 임시 정부에는 참가할 수 없습니까?"

"임시 정부라는 것도 단지 형식적이라서 별로 힘이 없다네."

김구는 이봉창의 마음이 흔들리고 있다고 생각했다.

"천황의 목숨을 빼앗겠다는 자네의 의지만 굳건하다면 그런 단체

9 단국대학교 동양학연구소 편, 〈제6회 신문조서〉, 앞의 책, 443~444쪽.

에 들어가지 않고 혼자서도 실행할 수 있네. 자네가 혼자서라도 실행할 결심이 있다면 내가 후원자가 되어 주겠네."

"폭탄을 구할 수 있겠습니까? 폭탄만 구할 수 있으면 일본으로 가서 큰일을 해 보겠습니다."

"그건 염려 말게."

"폭탄을 구하시면 언제든지 연락을 주십시오."

이봉창은 김구의 말을 믿고 숙소로 돌아갔다.[10]

그 뒤로도 이봉창은 가끔 임시 정부 사무실로 김구를 찾아왔다. 이봉창은 임시 정부 살림이 어려운 것을 알고 사무실을 찾아올 때마다 술과 고기, 국수 등을 푸짐하게 사 가지고 와서 직원들과 어울려 먹었다. 그는 취하면 곧잘 일본 노래를 유창하게 부르며 호방하게 놀았다. 어떤 날은 아예 하오리(일본 옷의 위에 입는 짧은 겉옷)에 게다(일본 사람들이 신는 나막신)를 신고 일본인 행색으로 임시 정부를 찾아왔다가 중국인 경비원에게 쫓겨나기도 했다. 사람들은 이런 이봉창을 '일본 영감'이라고 부르며 비웃었다. 이봉창의 행동은 당장 말썽거리가 되었다. 김구는 이따금 이동녕 등 다른 국무 위원들로부터 꾸지람을 들었다.

"백범은 무슨 까닭에 동포인지 일본인인지 분간이 가지 않는 자를 신성한 임시 정부 청사 안에 출입시키는 거요?"

"……."

김구가 아무 말이 없자 이동녕이 다시 추궁했다.

10 단국대학교 동양학연구소 편, 〈제6회 신문조서〉, 앞의 책, 444~445쪽.

"그자는 하오리를 입고 게다까지 신고 다니지 않소? 도대체 그자의 정체가 무엇이기에 백범이 그렇게 싸고도는 거요?"

"제가 개인적으로 조사하고 연구하는 사건이 있습니다."

김구는 이렇게만 말하고 절대로 다른 말은 하지 않았다. 이동녕은 임시 정부 최고 원로로서 김구가 독립운동의 스승으로 의지하는 선배였다. 그런 이동녕에게도 김구는 이봉창의 신분에 대해 전혀 언급하지 않았다. 국무 위원들은 더 이상 김구를 추궁하지 않았지만 불쾌한 기색이 가시지는 않았다.[11]

이봉창은 임시 정부 국무 위원들과 직원들의 따가운 눈총을 받을 때마다 몹시 불쾌했다. 자신의 진의를 몰라주는 그들이 야속하기도 했다. 그럴수록 이봉창은 김구의 따뜻한 보살핌이 고마웠다. 이봉창으로서는 지금까지 한 번도 받아 본 적이 없는 신뢰였다.

이봉창은 김구와 이야기를 나누면서 가랑비에 옷 젖듯이 차츰 그의 사상에 감염되기 시작했다. 그러나 이봉창은 김구의 학문이나 인품을 그렇게 높이 평가하지는 않았다. 그저 교민단 단장이자 상하이에 있는 조선인의 총 대표자 정도로만 생각했다. 김구의 배후에 상당히 훌륭한 사람이 있을 거라고 생각했지만 그가 누구인지 전혀 짐작하지 못했다.[12]

한편 김구는 이봉창을 만날 때마다 신중했다. 일본 경찰이나 밀정에게 늘 쫓기는 김구로서는 매사에 조심하지 않을 수 없었다. 만약의

11 김구, 〈동경작안의 진상〉, 《이봉창 의사와 한국 독립 운동》, 191쪽; 김구, 배경식 풀고 보탬, 앞의 책, 324쪽.

12 단국대학교 동양학연구소 편, 〈상신서〉, 앞의 책, 552쪽.

사태에 대비해 이봉창이 임시 정부 주변의 독립운동가들과 개별적으로 접촉하는 것을 철저하게 막았다. 재판 기록에서 이봉창은 자신이 상하이에서 만난 독립운동가는 김구와 김동우뿐이라고 적고 있다.

8월 말쯤 이봉창은 다니던 철공소를 그만두었다. 품삯을 제대로 주지 않아 게으름을 피웠더니 주인이 그만두라고 했다. 이봉창은 상하이에 처음 왔을 때 묵었던 무료 숙박소로 가서 열흘가량 신세를 지다가 일본인이 경영하는 영창공사라는 악기점 점원으로 취직했다. 영창공사는 일본인이 많이 사는 훙커우 지역에 있는 큰 악기점이라서 상하이에 사는 일본 고위층이 많이 드나들었다.

이봉창이 악기점 점원으로 취직할 수 있었던 이유는 그가 일본 노래를 유창하게 부를 정도로 평소 음악에 상당한 취미와 소양을 갖고 있었기 때문이다. 이봉창이 상하이를 떠나 일본으로 돌아간다는 소식을 듣고 시모카와 상하이 일본 영사가 이봉창에게 레코드 씌우개를 사 줄 것을 부탁할 정도로 이봉창의 일본인 행세는 완벽했다.[13]

시간은 화살처럼 흘렀다. 김구를 만난 지 반년이 지났는데도 계획한 일은 지지부진했다. 이봉창은 점점 초조해졌다.

'만약 폭탄을 구하지 못해 일이 뜻대로 되지 않으면 어떻게 하지?'

김구의 어려운 형편으로 보아 이번에 실패하면 다시 기회가 오지 않을 것 같았다.

'모든 걸 포기하고 다시 성실하게 장사라도 하면서 살까?'

13 단국대학교 동양학연구소 편, 〈제3회 신문조서〉, 앞의 책, 403쪽.

이봉창은 폭탄이 손에 들어오지 않으면 계획의 실행을 미루고 성실하게 장사라도 시작해서 안정된 생활을 할 생각도 해 보았다. 그러나 이미 죽기로 결심한 이상 이렇게 시간을 끄는 것은 의미가 없다고 생각했다. 차라리 빨리 결판을 내고 영광스러운 죽음을 맞이하고 싶었다.

9월 중순 무렵, 이봉창은 다시 교민단 사무실을 찾아갔다. 김구는 이봉창을 근처의 어떤 음식점으로 데려갔다.

"선생님을 뵌 지 벌써 여덟 달이 지났지만 아직 아무것도 못하고 있습니다. 폭탄을 구할 수 있는지 없는지 확실한 대답을 듣고 싶습니다."

다그쳐 묻는 이봉창에게 김구는 자신 있게 말했다.

"그런 것은 걱정하지 말게. 틀림없이 폭탄을 구할 수 있고, 자네가 일본에 갈 여비도 마련할 수 있네. 그런데 자네는 이 일을 결행할 결심이 정말 있는가?"

이봉창은 단호하게 말했다.

"5년이나 10년을 더 사는 것도 흥미가 없습니다. 오히려 저는 빨리 죽고 싶습니다. 폭탄이 손에 들어오기만 하면 반드시 책임지고 결행하겠습니다. 저는 무슨 일이든 중간에 흐지부지하는 것이 싫습니다. 폭탄이 틀림없는지, 또 위력이 어떠한지를 확인한 다음 일본에 갈 생각이니 폭탄을 구하면 곧바로 알려 주시기 바랍니다. 언제든지 오겠습니다."[14]

14 단국대학교 동양학연구소 편, 〈제6회 신문조서〉, 앞의 책, 445쪽.

이봉창의 말 속에는 한번 결심하면 반드시 끝장을 보고야 마는 그의 성품이 잘 드러나 있다. 폭탄의 성능을 실험해 보고 싶다는 말은 천황을 반드시 처단하겠다는 확고한 의지의 표현이었다. 다른 한편에는 삶을 포기한 처연한 마음도 드러나 있었다. 김구는 이봉창을 다독였다.

"폭탄의 성능은 상당히 좋다네. 내가 폭탄을 다룬 경험이 있으니 그런 건 걱정하지 말게. 폭탄은 6~7간(약 11~13미터) 안에 있는 물건은 모조리 파괴할 수 있는 위력이 있네. 실험하지 않아도 문제가 없다네. 폭탄과 여비가 준비되면 자네가 묵고 있는 주소로 편지를 보낼 테니 나를 믿고 기다리게. 곧 연락하겠네."

김구는 폭탄의 성능을 실험하지 않았지만 그 위력에 대해서는 확신했다. 그러나 그러한 확신이 실패의 결정적인 원인이 될 줄은 전혀 예상하지 못했다.

이미 결심을 한 이상 이봉창은 되도록 빨리 일을 끝내고 싶었다.

"가능하면 올해 안에 폭탄을 손에 넣었으면 좋겠습니다. 만약 그것이 힘들면 내년 3~4월로 연기해도 좋습니다."

올해 안에 안 되면 내년 3, 4월로 연기해도 무방하다고 한 것은 김구의 어려운 사정을 짐작한 이봉창의 배려였다. 거사 자금이래야 이봉창이 일본까지 갈 여비와 며칠 동안 묵을 숙박비 정도였다. 그런데 그 돈마저 여덟 달이 지나도록 마련하지 못했다는 것은 그만큼 김구의 자금 사정이 어렵다는 뜻이었다. 이봉창은 김구의 형편으로는 기껏해야 여비 정도 밖에 마련할 수 없을 것 같았다. 그래서 이봉창은 김구에게서 받은 돈은 일본까지 가는 교통비로 쓰고, 일본에 가서는 적당한 일자리를 구해 느긋하게 생활하면서 천황이 나들이 하는 기회를 엿보아 거사를 결행하려고 마음먹고 있었다.

"12월은 연말이라 일자리를 구하기가 쉽지만 1, 2월은 연말에 비해서 상대적으로 일자리를 구하기가 어렵습니다. 가능하면 올해 안에 가는 것이 좋겠습니다. 올해 안에 준비하는 것이 어려우면 차라리 일자리가 많이 나오는 3, 4월로 연기하는 것이 좋을 것 같습니다."

김구는 자신 있게 대답했다.

"모두 올해 안에 준비할 테니 걱정 말고 기다리게."

김구의 확답을 듣고서야 이봉창은 무거운 발걸음을 돌렸다.

이봉창은 그 뒤에도 김구를 몇 차례 더 찾아갔다. 하지만 그해 11월 하순까지 김구를 한 번도 만나지 못하고 김동우와 잡담만 하다가 돌아갔다.[15] 김구에게 무슨 일이 생긴 걸까?

15 단국대학교 동양학연구소 편, 〈제6회 신문조서〉, 앞의 책, 446~447쪽.

거사 준비

김구가 와신상담하며 때가 오기만을 기다리고 있을 때 완바오 산 사건과 만주 사변이 잇따라 일어났다.

완바오 산 사건이란 1931년 7월에 중국 지린 성 완바오 산 부근에서 한인 농민들과 중국인 농민들 사이에 농수로 건설 문제를 두고 발생한 충돌 사건을 말한다. 일본의 꾐에 빠진 한인 농민들이 일본 영사관 경찰의 지원 아래 수로 공사를 강행하자 화가 난 중국인 농민들이 관개 수로를 파괴하려고 했다. 결국 이를 막으려는 한인 농민 및 일본 영사관 경찰과 강행하려는 중국인 지주 및 주민 사이에 충돌이 일어났다.[1]

1 완바오 산 사건의 경과에 대해서는 박영석, 《만보산사건 연구》, 아세아문화사, 1978, 80~97쪽 참조.

인명 피해 없이 사태가 진정되는 듯했으나 만주 침략의 기회만 노리고 있던 일본은 곧장 이 사건을 이용해 또 다른 음모를 꾸몄다. 관동군 사령부는 창춘 영사관에 지시하여 이 사건으로 많은 한인 농민들이 피해를 입은 것처럼 국내에 허위 보도를 하게 했고, 국내 언론은 정확한 사실 확인도 없이 이를 〈호외〉로 대서특필했다.[2] 언론의 과장된 보도로 인천을 비롯해 전국 곳곳에서 대낮에 화교 상점과 집이 불타고 여기저기서 화교가 몰매를 맞고 학살당하는 화교 배척 운동이 광범위하게 일어났다.

본국에 돌아간 화교들이 피해 상황을 중국인들에게 호소하면서 사태는 더 악화되었다. 만주에 사는 한인들에 대한 중국인들의 보복이 잇따랐다. 언론의 진상 보도와 민족주의 지도자들의 적극적인 노력으로 사태는 진정되었으나 만주를 침략할 기회만 엿보던 일본은 기어코 만주 사변을 일으켰다.

1931년 9월 18일 밤, 일본 관동군 일부가 갑자기 펑톈(지금의 선양) 외곽의 류탸오후[3]에 있는 같은 관동군 관할인 일본 남만주 철도 회사의 선로를 폭파했다. 이 사건은 만주 침략의 구실을 찾던 관동군의 모략에 따라 계획적으로 자행되었으나, 일본은 중국군의 공격에 의한 것이라고 트집을 잡아 전쟁을 도발했다. 관동군은 국제 연맹의 중재를 무시하고 전쟁을 도발한 지 다섯 달 만에 만주의 거의 대부분을 장악하고, 이듬해 3월에는 꼭두각시 정부인 만주국을 세웠다.

2 〈중국관민 팔백여 명과 이백동포 충돌 부상〉, 〈조선일보〉 1931년 7월 4일자 〈호외〉.

3 류탸오후는 장제스와 제휴했던 중국 군벌 장쉐량의 근거지인 베이다잉 남쪽에 위치해 있다.

완바오 산 사건과 만주 사변을 계기로 그동안 잠잠하던 상하이 지역 독립운동 단체의 활동이 활발해졌다. 병인의용대는 만주 사변이 발발하자 극비리에 대원을 소집하여 중국인으로 변장하고 일본 총영사관 등 일본의 중요 기관을 폭파하여 중국과 일본 간의 분규를 확대시킬 것과 각 요소에 비밀 수사반을 잠복시켜 일본 염탐꾼을 암살하기로 결의했다.[4]

9월 25일에는 300여 명의 동포가 참가한 상하이 한교 전체 대회가 열렸다. 이 대회에서는 일본의 침략 행위에 대항하여 한국과 중국 양 민족의 연합 전선을 구축하고 일본의 대륙 침략의 앞잡이가 되고 있는 한인을 소탕할 것 등 6개 항의 결의안을 채택했다.[5] 임시 정부도 10월 1일자로 〈국내외 동포에게 고하노라〉라는 성명서를 발표하여 민족적 혁명 역량을 하나로 모아서 중국을 비롯한 세계 우방의 혁명 동지와 함께 투쟁할 것을 호소했다.[6]

완바오 산 사건과 만주 사변은 그동안 외교 노선을 고집해 온 임시 정부와 김구가 폭렬 행동으로 전환하는 결정적인 계기가 되었다. 두 사건이 임시 정부와 독립운동 진영에 미친 영향을 김구는 다음과 같이 회고했다.

> 1년 전부터 하도 운동계가 침체되어 우리 임시 정부에서는 군사 공작을 못한다면 테러 공작이라도 하는 것이 절대 필요했다. 왜놈이 중국

4 국회도서관 편, 앞의 책, 689~691쪽.

5 〈상해 한교전체대회〉, 〈신한민보〉 1931년 11월 5일자.

6 〈국내외 동포에게 고하노라〉, 〈신한민보〉 1931년 11월 5일자.

과 한국 두 민족의 감정을 악화시키기 위해 이른바 완바오 산 사건을 날조하여 조선에서 한인 불량배들이 일본인의 사주를 받아 가지고 인천·평양·경성·원산 등 각지에서 중국인을 닥치는 대로 때려죽이는 중국인 대학살 사건이 일어났다. 또한 만주에서 1931년에 9·18전쟁(만주 사변)이 일어나 중국이 굴욕적으로 강화했다. 전쟁 중에 조선인 부랑자들은 왜의 권세를 등에 업고 중국인에게 극단적인 악행을 저질렀다. 이 때문에 중국인의 무식 계급은 물론이고 유식 계급 인사들까지도 이따금 민족 감정을 말하는 사람들이 생겨, 우리는 이러한 사태를 극히 우려했다. 상하이에서도 길거리에서 중국과 조선인 노동자 사이에 충돌이 생겼다.[7]

위기는 기회라고 했다. 김구는 마침내 때가 왔다고 생각하고 천황 폭살을 실행할 준비를 서둘렀다. 천황 폭살을 위해서는 폭탄과 자금이 필요했다. 먼저 김구는 폭탄을 구입하기 위해 김홍일을 만나 대책을 상의했다. 당시 그는 중국군의 병기를 관리하는 상하이 병공창 주임으로 근무하고 있었다. 김구는 김홍일에게 먼 거리까지 던질 수 있고 휴대하기 가벼운 수류탄을 준비해 줄 것을 부탁했다.

"수십 미터 이상이라……."

김홍일은 사정거리가 수십 미터 이상은 되어야 한다는 말에 곰곰이 생각했다.

"수십 미터 이상 떨어진 표적물을 보통 수류탄을 던져 명중시키기

7 김구, 배경식 풀고 보탬, 앞의 책, 502쪽.

는 어렵습니다. 약간 구식이기는 하지만 마미 수류탄을 사용하는 것이 좋겠습니다. 마미 수류탄은 보통 수류탄보다 폭발력이 약한 단점은 있지만 무게가 가벼워서 멀리 던질 수 있는 데다가 불발탄이 없고 휴대하기가 간편한 이점이 있습니다."[8]

김구는 거사를 위해 폭탄 두 개를 준비했다. 하나는 김홍일에게 부탁해 중국군 무기 공장에서, 다른 하나는 김현에게 부탁해 허난성의 류치 장군에게서 구했다. 하나는 천황 폭살용으로, 다른 하나는 자살용으로 쓸 계획이었다.[9]

폭탄 구입 다음으로 중요한 일은 거사 자금을 확보하는 것이었다. 임시 정부를 유지하기 위한 최소한의 경비마저 조달하기 어려운 상황에서 거사 자금을 마련하는 것은 쉬운 일이 아니었다. 만주나 일본에는 많은 동포가 살고 있었으나 생활이 어려워 도움을 줄 형편이 못 되었다. 또 시베리아 지역에도 많은 동포가 살고 있었지만 그곳은 공산 국가라서 도움을 청할 수 없었다. 결국 김구는 미국 본토, 하와이, 멕시코, 쿠바에 살고 있는 동포들에게 마지막 기대를 걸었다. 1만여 명에 불과한 미주 동포들은 임시 정부가 설립되자 가장 열성적으로 임시 정부의 재정을 후원했다. 그러나 이들의 후원은 1925년 이승만이 임시 정부 대통령에서 탄핵된 뒤에 거의 끊어지다시피 했다.[10]

8 김홍일, 《대륙의 분노》, 문조사, 1972, 272~273쪽.

9 김구, 배경식 풀고 보탬, 앞의 책, 499쪽.

사정이 이러하다 보니 임시 정부는 제대로 된 활동을 할 수 없었다. 3·1운동 기념일이나 상하이의 동포 학교인 인성학교 졸업식 때 성명서를 발표하는 정도가 고작이었다.[11] 임시 정부의 살림이 얼마나 궁색했는지는 이 무렵 임시 정부가 호신용으로 가지고 있던 권총 네 자루 중 두 자루를 팔아서 재정에 보탰다는 사실로도 짐작할 수 있다.[12]

그래도 의지할 데라곤 미주 동포들밖에 없었다. 김구는 미주 동포들에게 무작정 재정 지원을 호소하는 편지를 쓰기로 했다. 이때의 일이《백범일지》에는 다음과 같이 적혀 있다.

> 미주 동포들에게 사정을 알리고 정부에 성금을 바치게 할 계획을 세웠다. 그러나 불행히도 나는 영어에 문외한이라서 손수 편지 겉봉투도 쓸 줄 몰랐고, 또 그곳에 몇 사람의 친지가 살고 있기는 하나 주소도 알지 못했다. 엄항섭, 안공근 등의 도움으로 그곳 동포들의 주소와 이름을 알아내어 임시 정부의 사정을 극진히 설명하고 동정을 구하는 편지를 써서 엄군이나 안군에게 겉봉투를 쓰게 하여 부쳤다. 이것이 나의 유일한 사무였다.[13]

10 이승만이 탄핵 면직된 뒤로 미주의 대한인국민회는 1926년에 모두 세 차례에 걸쳐서 250달러(3월 3일에 50달러, 10월 1일에 150달러, 10월 8일에 50달러)를 보내왔다(〈총회공독〉, 〈신한민보〉 1926년 10월 7일자; 〈임정 소식〉, 12월 16일자). 이후 2년 동안 송금이 중단되었다가 1928년 12월에 겨우 100달러를 보내왔을 뿐이다(〈림시정부 소식〉, 〈신한민보〉 1929년 7월 25일자).

11 국회도서관 편, 앞의 책, 627쪽.

12 국회도서관 편, 앞의 책, 633쪽.

13 김구, 배경식 풀고 보탬, 앞의 책, 490~491쪽.

주소도 제대로 알지 못하는 생면부지의 해외 동포들에게 무작정 편지를 보낸다는 것은 대단히 무모한 행동이 아닐 수 없다. 그만큼 임시 정부의 형편이 절박했던 것이다.

이렇게 보낸 편지는 대부분 답장이 없거나 수신인이 없어 반송되기도 했다. 그래도 김구는 꾸준히 편지를 썼다. 그러던 어느 날 반가운 편지가 한 통 왔다. 시카고의 김경[14]이라는 사람이 200여 달러를 모금해 보내온 것이다. 그의 본명은 김병준으로 시카고에서 레스토랑을 운영해 성공한 인물이었다. 그는 시카고의 한인 감리교회를 발기하고, 대한인국민회 지방회 회장을 역임할 정도로 시카고 지방에서는 상당히 영향력 있는 동포였다.

김구는 김경을 한 번도 만난 적이 없었으며 그가 누구인지도 몰랐다. 그런 그가 김구가 보낸 편지 한 장으로 거금을 보내왔다는 것은, 김구의 표현대로, 애국심 하나로 마음을 움직인 '의거'였다. 큰 액수는 아니었지만 심각한 재정난에 허덕이던 임시 정부로서는 가뭄의 단비처럼 실로 감격적인 일이었다. 김경의 송금에 감동한 김구는 곧바로 감사의 뜻을 전하는 답장을 보냈다.[15]

시카고 동포들의 송금에 용기를 얻은 김구는 하와이와 미국 본토뿐만 아니라 멕시코, 쿠바 등지의 동포들에게도 정성을 다해 편지를 썼다. 답장이 없더라도 계속해서 편지를 보내자 김구의 정성에 감동

14 김원용, 《재미한인오십년사》, 1959, 리들리(Reedley), 62쪽; 독립유공자공훈록편찬위원회, 《독립 유공자 공훈록》 14, 2000, 국가보훈처, 78~79쪽.

15 〈시카고 기부금이 상해 임시정부에 도착: 정부 당국자는 계속 후원을 간청〉, 〈신한민보〉 1929년 7월 25일자.

한 동포들이 성금을 보내왔다.

미주 동포들이 보내오는 애틋한 성금을 수령하는 것도 쉬운 일은 아니었다. 미주 동포들의 성금은 모두 공공 조계에 있는 상하이의 총우편국으로 송금되었기 때문에 김구는 그 돈을 직접 찾을 수 없었다. 프랑스 조계는 일본 경찰이 들어오지 못하는 치외 법권 지역이었지만, 공공 조계에서는 일본 경찰이 언제든지 조선인을 체포할 수 있었다. 그러한 사정 때문에 돈을 수령할 때 반드시 심부름꾼을 시켜야만 했는데, 이런 약점을 노리는 이들도 있었다. 어떤 심부름꾼은 돈을 중간에 가로채서 노름에 써 버리기도 했고, 또 어떤 심부름꾼은 잃어버렸다고 둘러대고 김구에게 돈을 전하지 않기도 했다.

어렵게 확보한 돈을 보관하는 데도 김구는 눈물겨운 노력을 기울였다. 김구는 돈이 들어오면 주머니에 넣고 실로 꿰맸다. 당장 숨겨둘 곳이 마땅치 않아 그렇게 한 것이지만, 거기에는 또 다른 이유가 있었다. 당장 한 끼 밥마저 구걸해야 하는 궁색한 처지의 김구로서는 수중에 들어온 현금의 유혹을 떨쳐 버리기가 결코 쉽지 않았을 것이다. 그것은 미주 동포들이 피땀으로 보내온 돈을 한 푼도 허투루 쓰지 않겠다는 굳은 의지의 표현이기도 했다. 김구는 꼭 필요한 일이 있을 때만 주머니를 끌렀다.[16]

그러던 어느 날 하와이의 안창호安昌鎬(도산 안창호安昌浩와는 동명이인)와 임성우 등 몇 사람으로부터 반가운 편지가 왔다. 두 사람은 임

16 이정식 면담, 김학준 편집, 〈정화암 증언〉, 《혁명가들의 항일 회상》, 민음사, 1988, 387쪽.

시 정부의 특무 활동을 지원하기 위해 조직된 하와이 한인애국단 간부들이었다.

"선생이 임시 정부를 지키고 있는 것을 감사히 생각한다. 그런데 선생이 하고 싶은 사업이 있는가? 그것이 만약 우리 민족에 큰 도움이 되는 일이라면 돈을 마련하겠다."

김구는 곧바로 답장을 썼다.

"무슨 사업을 하겠다고 말할 수는 없으나 간절히 하고 싶은 일이 있소. 조용히 돈을 모아 두었다가 보내라는 연락을 하면 그때 보내 주시오."

얼마 뒤에 하와이에서 김구의 뜻대로 하겠다는 답장이 왔다.[17] 김구는 이봉창을 일본에 파견할 때가 되었다고 생각하고 안창호와 임성우에게 자금을 보내 달라는 편지를 보냈다. 1931년 11월, 두 사람은 약속한 대로 1000달러의 자금을 보내왔다.[18] 이로써 김구는 천황 폭살을 위한 무기와 자금을 모두 확보했다. 이봉창을 만난 지 열 달 만이었다.

만주 사변이 일어나자 임시 정부는 중국 정부로부터 자금 지원을 받아 특수 공작을 감행할 비밀 조직을 설치하기로 결정했다. 김구를 대장으로 하여 사업의 계획과 실행 일체를 일임함과 아울러 임시 정부 수입의 반액을 지급하기로 했다. 김구가 비밀리에 한인애국단을 조직한 것은 바로 이 무렵이었다. 김구는 〈동경작안의 진상〉에서 한

17 김구, 배경식 풀고 보탬, 앞의 책, 493쪽.

18 김구, 배경식 풀고 보탬, 앞의 책, 498쪽; 김원용, 앞의 책, 215~216쪽.

인애국단을 조직하게 된 이유를 다음과 같이 밝혔다.

> 그러나 최근 수년 내로는 경제가 극히 곤란하고 사상의 혼란이 계속되어 사업 진행에 지장이 적지 않았고 인재를 널리 구할 길까지 없었다. 나는 이를 개탄하여 권토중래의 기세로써 나의 사업을 부흥시키고자 전혀 새로운 정신과 삼엄한 훈련 하에 한인애국단을 비밀히 조직했다.[19]

12월 6일 밤 김구는 임시 정부 청사에서 열린 국무 회의에서 천황 폭살 계획을 보고했다.

"이봉창이라는 사람을 도쿄에 파견해 천황에게 폭탄을 투척할 모든 준비를 완료했습니다. 승낙하여 주시기 바랍니다."

갑작스러운 보고에 국무 위원들은 깜짝 놀랐다. 반대도 있었다.

"공연히 돈만 쓰고 성공할 가망이 없지 않습니까?"

군무장 김철과 외무장 조소앙이 하는 말이었다. 그러나 이미 자금과 무기를 확보하는 등 모든 준비가 완료된 뒤였으므로 국무 회의에서는 김구의 계획을 승인했다.[20] 이때 김구는 공작에 사용할 돈과 인물의 선발에 관한 전권을 위임받되, 성공과 실패의 결과는 보고하라

19 김구, 〈동경작안의 진상〉, 《이봉창 의사와 한국 독립 운동》, 186쪽. 비밀 결사 조직의 이름이 처음부터 한인애국단이었던 것은 아니다. 조소앙은 비밀 조직의 명칭을 의생단(義生團)이라고 하고, 선언·강령·규약을 작성하여 김구에게 주었는데, 김구가 안공근의 집에서 잠을 자다가 어린 아이가 찢는 바람에 잃어버렸다고 한다(국사편찬위원회 편, 《한국독립운동사》 자료 2—임정 편 Ⅱ, 탐구당, 1971, 256~258쪽). 비밀 조직의 명칭이 한인애국단으로 바뀌게 된 것은 이봉창이 한인애국단에 입단하면서부터였다.

20 국사편찬위원회 편, 위의 책 자료 2—임정 편 Ⅱ, 257쪽.

는 특권을 얻었다.[21]

훗날 일본 경찰은 이봉창에게 제공된 폭탄과 자금이 어디서 나왔는지 전혀 파악하지 못했다. 도쿄 의거 뒤에 일제는 이봉창이 던진 수류탄의 입수 경로를 추적했으나 끝내 정확한 정보를 알아내지 못했다. 상하이 일본 총영사관이 수집한 정보에 따르면, 김구는 1931년 5월 18일부터 일주일 동안 상하이에 머무른 국민혁명군 제1 기병여단 사령부 군의軍醫 주임 김현에게서 수류탄 두 개를 입수했다고 한다. 또 다른 정보에서는 이봉창이 가지고 간 수류탄은 김구가 1930년 말 소련의 블라디보스토크 지방의 고려공산당을 통해 입수한 여섯 개의 수류탄 가운데 두 개로서 나머지 네 개는 아직도 김구가 가지고 있다고 했다. 상하이 일본 총영사가 도쿄 의거가 있은 지 두 달 뒤인 1932년 3월 17일에 일본 외상에게 보고한 비밀 정보였다.[22] 일본 총영사는 "이 정보는 한국의 병인의용대 대원이 흘려 준 것으로 비교적 믿을 만한 정보"라는 코멘트를 달았으나,《백범일지》나 김홍일의 회고로 보아 이는 사실이 아님이 분명하다.

일본 총영사관은 자금의 출처도 알아내지 못했다. 도쿄 의거 다음 날 상하이 일본 총영사는 본국에 보내는 비밀 문서에서 "김구는 무일푼이므로 어디선가 외부에서 자금을 보내온 것이 분명하다."라고 판단하고 그 출처를 조사했다. 일본 총영사는 밀정의 보고를 통해

21 김구, 배경식 풀고 보탬, 앞의 책, 502쪽.
22 홍인근, 앞의 책, 84~85쪽.

이번 사건이 장제스가 하야하기 전에 계획한 음모로 김구는 장제스에게서 3000위안의 자금을 지원 받아 이번 일을 실행했다는 정보를 입수했다. 그러나 일본 총영사는 밀정이 입수한 정보의 신뢰도가 매우 떨어진다고 판단하고 이 정보를 신뢰하지 않았다. 그는 자금 출처를 계속해서 추적했으나 끝내 밝혀내지 못했다.[23]

23 홍인근, 앞의 책, 82~83쪽.

한인애국단 제1호 단원

12월 10일(혹은 11일)경에 이봉창은 하숙을 하던 잡화점 주인에게서 편지가 왔다는 전화를 받았다. 13일 저녁 7시 30분경에 교민단 사무실로 찾아와 달라는 김구의 편지였다. 사흘 뒤 이봉창은 약속 시간에 맞추어 교민단 사무실로 찾아갔다. 하지만 사무실에는 김동우 혼자 있었고, 한참을 기다려도 김구는 나타나지 않았다.

"백 선생님의 편지를 받고 찾아왔는데, 선생님은 어디 계십니까?"

이봉창이 궁금해서 묻자 김동우는 태연하게 대답했다.

"선생님은 프랑스 조계 신천상리 20호 동포 집에 계실 겁니다."

김동우는 인력거꾼을 불러 이봉창을 그곳까지 데려다 주라고 일렀다. 신천상리 20호는 안중근의 막내 동생인 안공근의 집이었다. 안공근은 단원의 모집과 관리, 통신 연락과 정보 수집 등 한인애국단의 조직과 운영을 총괄하던 핵심 참모로 김구의 신임이 가장 두터운 인물이었다. 1931년 5월 상하이에 온 윤봉길에게 숙식의 편의를 제공해 주고 그를 김구에게 추천한 사람도 안공근이었다.[1] 이봉창 의거 이후 한인애국단이 본격적인 활동을 시작하면서 안공근은 자신의 집을 각지로 파견한 한인애국단원들의 통신 연락처로 사용했다.[2] 그러나 이때 이봉창은 그곳이 누구의 집이며, 안공근이 누구인지도 몰랐다.

신천상리 20호에 도착하자 낯선 청년이 2층에서 내려와 이봉창을 맞아 주었다.

"백 선생님은 어디 계신가요?"

이봉창이 묻자 청년이 공손히 대답했다.

"선생님은 여기에 안 계십니다. 어쩌면 저쪽에 계실지 모르니 저를 따라오십시오."

청년은 이봉창을 프랑스 공원 근처에 있는 동포의 집으로 안내했다. 김구는 처음부터 그곳에서 이봉창을 기다리고 있었다. 김구는 밀정이나 일본 경찰을 따돌리기 위해 일부러 이봉창에게 자신이 있는 곳을 가르쳐 주지 않았다.

김구는 이봉창을 프랑스 공원 근처의 어느 러시아인이 운영하는 식당으로 데려갔다. 식사를 하고 나서 김구가 물었다.

"준비가 다 되었는데 언제쯤 일본으로 떠날 수 있겠나?"

1 김학준, 《매헌 윤봉길 평전》, 민음사, 1992, 295~297쪽.

2 안공근에 대해서는 한시준, 〈안공근의 생애와 독립운동〉, 《교회사연구》 11, 1996 ; 오영섭, 〈일제 강점기 안공근의 항일독립운동〉, 《한국근현대사를 수놓은 인물들》 1, 경인문화사, 2007, 263~306쪽 참조.

"언제든지 좋습니다. 마침 12월 17일 오후에 상하이에서 고베로 바로 가는 우편선이 있으니 이왕이면 그 배를 타고 가는 것이 좋겠습니다."

김구는 허름한 옷 속에서 지폐 한 다발을 꺼내 이봉창 앞에 내밀었다.

"부족하지만 일본 가는 여비와 그 밖에 필요한 경비에 쓰게."

300달러, 일본 돈으로 환산하면 150엔이었다.[3] 웬만한 월급쟁이 석 달 월급에 해당하는 큰돈이었다.

이봉창은 깜짝 놀랐다. 폭탄 준비나 다른 일에 대해 아무 말도 없다가 갑자기 생각보다 많은 돈을 내밀었기 때문이다. 이봉창은 태어나서 이렇게 큰 신임을 받아 본 적이 없었다.

"저를 어떻게 믿고 이런 큰돈을 주시는 겁니까?"

"이런 일은 인격 문제이네. 순전히 자네를 믿고 주는 거네."

김구는 태연하게 대답했다. 이봉창은 김구의 큰 도량에 감동했다.

돈을 받고서야 이봉창은 이번 일이 김구 한 사람이 기획한 것이 아니라 틀림없이 배후가 있다고 생각했다. 평소 허름한 복장에 끼니조차 제대로 해결하지 못하는 것 같았던 김구가 혼자 힘으로 이렇게 큰돈을 마련할 수는 없었을 것이다. 하지만 이봉창은 김구의 배후를 조사할 마음이 없었고, 또 그럴 시간도 없었다.

두 사람은 가볍게 술을 한잔하면서 이런저런 이야기를 나누었다.

3 단국대학교 동양학연구소 편, 〈제8회 신문조서〉, 앞의 책, 463쪽.

이봉창은 무엇보다 폭탄을 무사히 일본으로 가져가는 것이 걱정이었다.

"17일 날 떠나는 배에는 일본으로 돌아가는 방적 회사 친구들이 여러 명 타고 가니까 배에 타는 것은 별 문제가 없습니다. 폭탄이 마음에 걸립니다. 폭탄을 가지고 있다가 배 안에서 들킬 염려는 없겠습니까?"

김구는 "괜찮네."라고 간단하게 대답했다. 김구는 폭탄을 휴대하는 법과 사용법을 나중에 설명해 주려고 이봉창에게 아무 말도 하지 않았다.

김구는 이봉창을 데리고 밖으로 나왔다. 두 사람은 아무 말 없이 한참을 걷다가 밤 10시가 넘어 사진관인 듯한 집으로 들어갔다.[4] 그곳은 안공근의 집이었는데,[5] 김구는 이봉창에게 그 집이 누구 집인지 말하지 않았다.

기념사진을 찍은 사진관에 대해서는 일본 경찰도 정확한 정보를 알지 못했다. 이봉창이 그곳에서 사진을 찍었을 때 사진관은 영업을 하지 않았으나 사진 찍는 설비는 그대로 갖추고 있었다고 한다.[6] 이처럼 임시 정부와 김구를 감시하던 일본 경찰과 밀정 들도 김구의 계획을 전혀 눈치채지 못했다.

사진관 안에는 스물서너 살쯤 되어 보이는 중국옷을 입은 청년이 기다리고 있었다. 이봉창은 그 청년이 중국인인지 조선인인지 알 수

4 단국대학교 동양학연구소 편, 〈제7회 신문조서〉, 앞의 책, 449쪽.
5 김구, 배경식 풀고 보탬, 앞의 책, 500쪽.
6 단국대학교 동양학연구소 편, 〈상해에서의 수사 보고〉, 앞의 책, 568쪽.

없었다. 일본 정보 문서에 따르면, 그 청년은 안공근의 둘째 아들 안낙생이었다.[7]

사진관 안은 어두침침했다. 탁자 위에는 김구가 미리 준비해 둔 수류탄 두 개와 선서문 한 장이 놓여 있고, 맞은편 벽에는 사람의 키 높이 정도로 태극기가 세로로 걸려 있었다.

김구는 이봉창에게 선서문을 읽어 주었다.

> 나는 적성赤誠으로써 조국의 독립과 자유를 회복하기 위하야 한인애국단의 일원이 되어 적국의 수괴首魁를 도륙屠戮하기로 맹세하나이다.
>
> 대한민국 13년 12월 13일 선서인 이봉창
>
> 한인애국단 앞

적국의 '수괴'란 일본 천황을 말한다.

이봉창은 선서문의 내용을 귀담아듣지 않았다. 약간 취기가 있는데다가 어차피 사진에 찍힐 테니까 나중에 볼 수 있다고 생각했기 때문이다.[8]

선서식이 끝나자 김구가 기념사진을 찍자고 했다. 순간 이봉창은 이것이 이승에서의 마지막이라는 생각이 들었다.

"선생님, 부탁이 있습니다."

"뭔가?"

7 국사편찬위원회 편, 앞의 책 자료 2—임정 편 Ⅱ, 256~257쪽.

8 단국대학교 동양학연구소 편, 〈제7회 신문조서〉, 앞의 책, 453쪽.

"이번 일로 떠나면 다시는 가족을 보지 못할 겁니다. 청진에 있는 형에게 보낼 기념사진을 한 장 찍었으면 합니다."

"그렇게 하게."

이봉창은 얼굴을 약간 높게 들고 두 손을 뒤로한 채 벽에 걸린 태극기 왼쪽 옆에 바짝 붙어 섰다. 이봉창의 등 뒤에 걸린 태극기 쪽으로 비스듬히 그림자가 졌다. 긴장을 한 탓인지 이봉창의 표정은 밝지 않았다. 중국옷을 입은 청년이 사진을 찍었다.

"이 사진은 내가 청진에 있는 형에게 부쳐 주겠네."

사진을 찍고 나자 김구가 말했다.

두 번째 사진을 찍기 위해 이봉창은 선서문을 목에 걸고 양손에 수류탄을 하나씩 들고 두 손을 가슴 높이까지 올리고 태극기를 배경으로 벽에 붙어 섰다. 그림자가 태극 모양을 가렸다. 중국옷을 입은 청년이 다시 사진을 찍었다. 이번에도 이봉창의 얼굴은 우울해 보였다.

이로써 이봉창의 한인애국단 입단식은 모두 끝났다. 김구가 말한 대로, 이봉창은 한인애국단의 최선봉에 선, 한인애국단 제1호 단원이 되었다.

사진을 찍고 나서 두 사람은 다시 밖으로 나왔다. 이봉창이 먼저 말문을 열었다.

"선생님, 폭탄 사용법을 가르쳐 주세요."

"오늘은 시간이 늦었으니 내일이나 모레쯤 오면 그때 가르쳐 주겠네."

김구와 헤어진 이봉창은 오송로에 가서 중국인 여자를 사 그곳에서 하룻밤을 보냈다.

12월 14일 오후 이봉창은 영창공사로 가서 주인에게 일본에서 송금이 왔기 때문에 귀국해야 한다고 말했다. 주인은 정월도 가까워오고 바쁜 때이니 귀국을 잠시 미루어 달라고 했지만 이봉창은 그렇게 할 수 없다고 말하고 사직서를 제출했다.[9] 그날 밤 이봉창은 하숙하던 잡화점으로 가서 주인 아주머니에게 일본으로 돌아간다고 말했다. 그러고는 전날 밤을 보낸 오송로의 중국인 집으로 가서 하루 더 묵었다.[10]

12월 15일 저녁 무렵, 이봉창은 필요 없게 된 이불 등을 싸들고 신천상리 20호로 김구를 찾아갔다. 이봉창은 김구를 따라 어느 중국 요릿집으로 들어가서 같이 저녁을 먹었다. 식사가 거의 끝나갈 무렵 김구는 이봉창을 혼자 두고 잠시 밖으로 나갔다가 무엇인가를 싼 보자기를 들고 들어왔다. 보자기 안에는 신문지로 싼 수류탄 두 개가 들어 있었다. 이틀 전에 사진을 찍을 때 쓴 그 수류탄이었다. 이봉창은 김구가 잠깐 사이에 수류탄을 가지고 온 것으로 보아 수류탄을 식당 가까운 어딘가에 보관해 두었다가 가지고 온 것이라고 생각했다.

저녁을 먹고 나서 두 사람은 중흥여관으로 갔다. 그날 밤 두 사람은 처음으로 여관에서 같이 잠을 잤다. 김구는 이봉창과 밤을 같이 보내면서 미진한 계획을 구체적으로 보완하고, 그에게 용기도 북돋

9 홍인근, 〈조선총독부 경비관계철(소화 7년) 이봉창 관련〉, 앞의 책, 317쪽.
10 단국대학교 동양학연구소 편, 〈제7회 신문조서〉, 앞의 책, 449~450쪽.

워 주고자 했다.

김구는 이봉창에게 수류탄 사용법과 휴대 방법, 그리고 성능에 대해 자세히 설명했다.

“수류탄을 보관할 때는 주둥이의 나무 마개를 빼낸 다음 금속으로 된 기계를 도로 끼워 넣어 두면 된다네. 수류탄은 안전핀을 꽂아 두면 안전하네. 안전핀은 반드시 실행 전날에 빼게. 수류탄은 머리 쪽이 더 무겁기 때문에 높이 던지면 자연히 머리 쪽이 밑으로 떨어지게 되어 있네. 머리 쪽이 무언가에 강하게 부딪쳐야 터지기 때문에 던질 때에는 될 수 있는 대로 높이 던지는 것이 좋네.”

김구는 수류탄의 위력에 대해서도 설명했다.

“수류탄에는 가로와 세로로 홈이 파져 있어 폭탄을 던지면 그 홈에 둘러싸여 있던 부분이 각기 하나의 파편이 되어 날아가 터지네. 사방 6, 7간 안에 있는 물건은 모조리 파괴할 수 있는 무서운 위력이 있으니 던질 때 주의하게.”

차분하게 이야기를 듣고 있던 이봉창이 말했다.

“수류탄의 성능을 시험해 보았으면 좋겠습니다.”

거사의 성패가 수류탄의 위력에 달린 만큼 그 위력을 눈으로 확인하고 싶었다. 그러나 김구는 이봉창의 요청을 받아들이지 않았다.

“수류탄의 성능은 내가 보장하네. 나를 믿어 주게.”

이때까지만 하더라도 김구는 수류탄의 위력이 약해서 거사가 실패할 줄 전혀 예측하지 못했다. 이봉창이 수류탄을 사용한 경험이 전혀 없는 초보자라는 사실을 고려한다면 거사의 성공을 위해 한 번쯤 연습을 해 보는 것이 필요했다. 그런데도 김구는 왜 이봉창의 폭파 실험 요청을 거절했을까? 어려운 임시 정부 사정으로 수류탄을 다시 구하기가 힘들었거나 수류탄을 시험해 볼 만한 안전한 장소를 찾기가 어려웠기 때문일 것이다. 이봉창 의거의 실패를 교훈 삼아 윤봉길 의거 때는 중국 국민당 정부의 전폭적인 지원으로 수류탄 투척 실험을 철저하게 시행한 사실로도 짐작할 수 있다.

김구는 수류탄을 숨기고 갈 방법에 대해서 설명했다. 김구는 중국 비단으로 만든 가늘고 긴 주머니 두 개를 이봉창에게 보여 주며 말했다.

"이 주머니에 수류탄을 한 개씩 넣고 양쪽 허벅지 사이에 끼운 뒤 주머니 끝을 배에 묶고 그 위에 속바지를 입으면 들킬 염려가 없다네. 숙소에 묵을 때는 트렁크 안에 넣어 두고 외출할 때는 반드시 사타구니에 차고 다니게."[11]

이날 두 사람은 폭탄을 던질 시기와 장소에 대해서도 상의했다.

"어디서 일을 결행할 생각인가? 혹시 마음에 짚이는 좋은 장소라도 있는가?"

"도쿄 역이나 마루 빌딩 근처에서 실행하면 틀림없습니다."[12]

김구의 물음에 이봉창은 자신 있게 대답했다. 마루 빌딩은 동양 최대의 빌딩으로 불렸던 마루노우치 빌딩을 말한다.[13] 천황이 거주하는 고쿄 동남쪽에 있고, 그 맞은편에 도쿄 역이 있다. 마루 빌딩 옥

11 단국대학교 동양학연구소 편, 〈제2회 신문조서〉, 〈제3회 신문조서〉, 〈제7회 신문조서〉, 앞의 책, 397쪽, 401쪽, 450~451쪽.

12 단국대학교 동양학연구소 편, 〈제8회 신문조서〉, 〈공판조서〉, 〈청취서〉, 앞의 책, 461쪽, 516쪽, 536쪽.

상에 올라가면 고쿄가 한눈에 내려다보일 정도로, 고쿄와 가까운 거리에 있다. 천황은 기차를 타고 외부 나들이를 할 때 마루 빌딩 앞을 지나서 도쿄 역으로 이동했다.

그러나 도쿄 역이나 마루 빌딩처럼 사람이 붐비는 중심가에서 삼엄한 경비를 뚫고 천황을 폭살한다는 것은 쉬운 일이 아니었다. 혼자서 거사를 실행해야 하는 이봉창의 상황까지 고려한다면 사실상 불가능한 일이었다. 이봉창이 거사 장소로 도쿄 역이나 마루 빌딩 앞을 거론했다는 것은 그때까지도 천황 폭살에 대해 구체적인 계획이 없었다는 것을 말해 준다.

도쿄 지리에 어두운 김구도 그곳에서 거사를 하는 것이 불가능하다는 것을 알았는지 다른 장소를 제안했다.

"이번 연말의 의회 개원식에 맞출 수는 없겠는가?"

12월 25일에 열리는 일본 제국 의회 개원식에 천황이 참가하는 기회를 노려 거사를 하자는 것이었다.[14]

제국 의회 개원식은 천황을 비롯한 일본 정계의 거물급들이 대부분 참석하기 때문에 일찍부터 테러의 중요한 표적이 되었다. 1923년 12월 27일 난바 다이스케가 히로히토 황태자를 저격하려다 미수에 그친 사건이 한 예다. 난바는 지방 국회 의원인 아버지를 둔, 지주 집

13 마루 빌딩은 1923년에 세워진 초고층 건물로 일본 근대화의 상징이다. 원래 이곳은 버려진 땅이었는데 일본의 대기업 미쓰비시가 헐값에 불하받아 지상 9층 지하 1층의 연면적 1만 8000평(약 60만 제곱미터)의 거대한 빌딩을 지었다. 2002년에 옛 건물을 허물고 37층짜리 빌딩으로 재건축된 마루 빌딩은 현재 일본에서 가장 임대료가 비싸기로 유명하다.

14 단국대학교 동양학연구소 편, 〈제2회 신문조서〉, 〈청취서〉, 앞의 책, 398쪽, 536쪽.

안 출신의 청년 지식인이었다. 그는 의회 개원식에 참석하러 가는 히로히토를 황궁 앞인 도라노 문(도라노몬)에서 저격했으나 총알이 빗나가 실패했다. 그가 사용한 총은 작은 새 따위를 쏘는 살상력이 약한 것이었다.

이 사건은 일본 사회에 엄청난 충격을 불러일으켰다. 야마모토 총리를 비롯해 전 각료가 사직했고, 치안 총책임자인 경시총감이 파면당하고 관할지의 일반 경관들까지 모두 면직을 당했다. 이 사건 이후 히로히토의 경호가 크게 강화되었다.

난바는 현장에서 체포되어 천황에게 위해를 가한 사람에게 적용되는 대역죄로 대심원에서 심리를 받았다. 담당 재판장은 황실에 대한 대중의 존경심을 높이려고 난바에게 뉘우치고 반성할 것을 여러 차례 권했다. 그러나 난바는 자신의 뜻을 굽히지 않았다. 오히려 그는 재판장에게 "재판장은 진정으로 천황이 신이라고 믿는가, 그저 두렵기 때문에 그렇게 공언하는 것이 아닌가?" 하고 신랄하게 물었다. 재판장이 대답을 거부하자 난바는 이렇게 말했다.

"내가 이겼다. 너희가 대답을 못한 데에 자기기만이 있다. 너희는 비겁자다. 나는 진실에 사는 기쁨을 이로써 증명했다. 나를 교수형에 처해라."

1924년 11월 13일, 사형 판결을 받은 난바는 세 번 만세를 불렀다. 일본의 무산 노동자와 일본 공산당 만세, 러시아 소비에트 사회주의 연방 공화국 만세, 그리고 공산주의 인터내셔널(코민테른) 만세. 이틀 뒤 그는 비공개로 처형되었고, 시신은 사람의 발길이 닿지 않는 공동묘지에 묻혔다.[15]

조선인으로서 제국 의회 개원식장에 처음으로 폭탄을 던질 계획을 세운 사람은 의열단원 김지섭이었다. 의열단원 김시현, 유석현 등과 함께 국내에 침투해 일제의 침략 기관을 파괴하려던 계획이 밀정의 밀고로 실패하자 계획을 바꾸어 적의 심장부인 도쿄에서 결행하기로 했다. 김지섭은 일본 총리와 조선 총독 등 일본 정계의 거물급 인사들이 제국 의회 개원식에 대거 참석한다는 정보를 입수하고, 도쿄로 잠입하여 의회 방청석에 있다가 폭탄을 던져 일본 정계의 거물들을 가루로 만들기로 했다. 김지섭은 1923년 12월 20일 수류탄 세 개를 지니고 상하이를 떠나 후쿠오카를 거쳐 오사카에 도착했다.[16] 그런데 오사카에서 제국 의회가 휴회되었음을 알리는 신문 기사를 보고 계획을 바꾸었다. 그는 도쿄에 잠입하여 천황의 궁성 부근에 폭탄을 던져 일본의 간담을 서늘하게 해야겠다고 생각했다. 그러나 폭탄이 제대로 터지지 않는 바람에 실패하고 말았다.[17]

김구가 제국 의회 개원식 때 일을 결행하자고 제안한 것은 김지섭 의거의 영향으로 짐작된다. 당시 김지섭의 의거 소식은 상하이 임시정부에서 발행하는 〈독립신문〉을 비롯하여 국내외 신문에 크게 보도되었다.

제국 의회 개원식까지는 앞으로 열흘이 남아 있었다. 이봉창이 대답했다.

15 허버트 빅스, 오현숙 옮김, 앞의 책, 172~173쪽.

16 김용달, 〈김지섭의 생애와 이중교 투탄 의거〉, 《한국독립운동의 인물과 노선》, 한울아카데미, 2004, 141~144쪽.

17 〈조선일보〉 1924년 4월 24일자 〈호외〉.

"날짜만 보면 어렵지 않을 것 같지만 실제로는 제 날짜에 맞추기 힘들 것 같습니다."

김구는 다른 장소를 제안했다.

"그러면 하야마에서 천황을 폭살시키는 것은 어떻겠는가?"

도쿄에서 남쪽으로 50킬로미터 정도 떨어진 가나가와 현 남동쪽에 있는, 하야마는 해수욕장과 휴양지로 유명한 곳이다. 이곳에는 메이지 시대 중기에 지어진 황실 전용 별장 고요테이가 있었다. 메이지 천황은 해마다 여름을 하야마 별장에서 지냈는데, 메이지의 아들이자 히로히토의 아버지인 다이쇼는 몸이 약해 마지막 5년을 하야마 별궁에서 보내다가 그곳에서 사망했다. 그 때문에 하마야에 대한 기사가 국내 신문에도 자주 보도되었다. 히로히토도 천황으로 즉위한 뒤에 해마다 7월이면 하야마에서 여름을 보내고 도쿄로 돌아왔다. 김구는 신문 보도를 통해 히로히토의 하야마 행차에 대한 정보를 파악하고 있었던 것으로 짐작된다.

히로히토는 교토에서 정식으로 천황 즉위식을 거행한 이후부터 대중 앞에 모습을 잘 드러내지 않았다. 군대의 최고 통수권자이기도 한 히로히토는 대원수로서 1928년부터 제2차 세계 대전이 일어나기 전까지 1년에 네 차례에서 여섯 차례 정도 육해군 특별 사열과 군사 훈련에 참석했다. 하지만 메이지 천황이 자주 다녔던 지방 순행도 크게 줄이고,[18] 하야마에도 황태자 시절만큼 자주 가지 않았다.

이봉창은 하야마에서 천황을 폭살하자는 의견에도 반대했다.

18 에드워드 베르, 유경찬 옮김, 앞의 책, 121쪽; 허버트 빅스, 오현숙 옮김, 앞의 책, 228~229쪽.

"하야마는 제가 지리를 모르기 때문에 가지 않는 것이 좋겠습니다. 이 일은 모두 저에게 맡겨 주셨으면 좋겠습니다."[19]

"그러면 자네가 알아서 하게."

김구는 거사 시기와 장소 선택을 일본 지리에 밝은 이봉창에게 모두 맡겼다.

19 단국대학교 동양학연구소 편, 〈제2회 신문조서〉, 〈공판조서〉, 앞의 책, 398쪽, 516쪽.

영원한 작별

그날 밤 이봉창은 김구에게 수류탄과 돈을 구한 방법에 대해서도 물었다.

"그런 것은 아무래도 좋네."

김구는 대답을 피하면서 슬쩍 화제를 바꾸었다.

"가지고 간 돈이 부족하면 연락하게. 100~200엔 정도는 더 마련할 수 있네."

김구는 이봉창에게 준 돈이 부족할지도 모른다고 걱정했다.

"받은 돈만으로 충분합니다. 만약 그 돈을 다 쓸 때까지도 일이 실행되지 않을 경우에는 닥치는 대로 일자리를 구해 일을 하면서 기회를 노리겠습니다."

"그렇게까지 할 필요는 없네. 이미 준 돈은 도쿄까지 가는 여비로 쓰고, 도쿄에 도착해서 필요한 돈을 청구하면 전보환으로 바로 송금해 주겠네."

김구의 말에 이봉창은 감동했다.

"그저께 그 돈을 받고 나서 한숨도 자지 못했습니다. 대관절 뭘 믿고 그런 큰돈을 저에게 선뜻 주셨습니까? 그날 부르심을 받고 교민단 사무실로 갔더니 직원들이 밥을 굶는 듯해 제가 돈을 내놓았습니다. 그런데 그날 밤 선생님이 해진 옷 속에서 큰돈을 꺼내 저에게 주시는 것을 보고 깜짝 놀랐습니다. 선생님께서는 프랑스 조계 밖으로 한 걸음도 나가지 못하시니 만약 제가 이 돈을 가지고 가서 제 마음대로 써 버리고 다시 오지 않는다면 어찌하시려 했습니까? 선생님의 관대한 도량과 엄정한 공심公心에 탄복하여 그날 밤을 꼬박 새웠습니다. 과연 영웅의 도량이십니다. 저의 일생에 이런 신임을 받은 것은 선생님이 처음이자 마지막입니다."[1]

이봉창의 이 말은 김구의 어떤 모습이 그의 마음을 사로잡았는지를 잘 말해 준다. 김구 리더십의 핵심은 신의였다. '일을 맡기면 사람을 의심하지 말고, 사람을 의심하면 일을 맡기지 않는다.'는 것이 평소 김구의 신념이었다.

이봉창은 김구에게 조심스럽게 자신의 작은 소망 하나를 말했다.

"이번 일은 저의 목숨을 내놓고 하는 일이라서 다시는 임시 정부 사람들을 만나지 못할 겁니다. 조촐한 송별회라도 열어 작별 인사를 나누고 싶습니다."

1 단국대학교 동양학연구소 편, 〈제7회 신문조서〉, 앞의 책, 453~454쪽; 김구, 〈동경작안의 진상〉, 《이봉창 의사와 한국 독립 운동》, 193쪽; 김구, 배경식 풀고 보탬, 앞의 책, 325쪽.

이봉창이 임시 정부 사람들과 송별회를 하고 싶다는 데는 그럴 만한 이유가 있었다. 그들은 이봉창이 사 오는 고기와 음식으로 허기진 배를 채웠지만 결코 고마워하지 않았다. 음식을 얻어먹으면서도 속으로는 학력이나 지식, 혁명 경력, 반일 의식, 사회적 지위 등 모든 면에서 이봉창이 자기들보다 떨어진다고 비웃었다. '일본 영감'이라는 별명처럼 일본인들과 어울리면서 일본인같이 행동하는 이봉창을 고운 시선으로 보지 않았다.

못마땅하기는 이봉창도 마찬가지였다. 이봉창은 무슨 무슨 회라든가 무슨 무슨 단의 간부라고 하는 임시 정부 사람들을 선생으로 존경하지 않았다.[2] 이봉창은 그들이 독립운동을 한다는 말만 앞세울 뿐 실제로는 아무것도 하지 못하는 겁쟁이라고 생각했다. 교민단 사무실을 여러 차례 드나들었지만 거기서 만난 사람들 가운데 '이 사람이다.'라고 할 만한 훌륭한 인격을 지닌 사람을 만난 적이 없었다. 이봉창은 그런 그들에게 속마음을 털어놓고 그동안 쌓인 회포도 풀고 싶었다. 그러나 김구는 이봉창의 청을 거절했다.

"그런 일을 하면 괜히 시끄러워질 뿐이니 하지 않는 것이 좋겠네. 이 일은 오직 우리 두 사람만의 비밀이네. 임시 정부나 어떤 단체도 전혀 관계 없는 일이네."

김구는 마음이 아팠지만 거사의 성공을 위해 이봉창의 청을 들어줄 수 없었다. 그동안 김구는 이봉창의 정체가 알려지는 것을 막기

2 단국대학교 동양학연구소 편, 〈이봉창추도식〉, 《상해한문(上海韓聞)》 제26호(1932. 10. 17), 앞의 책, 594쪽; 〈제7회 신문조서〉, 같은 책, 455쪽.

위해 그에게 일본인 행세를 하도록 했고, 임시 정부 사람들과도 못 만나게 했다.[3] 그런 상황에서 이봉창이 상하이를 떠나기 전에 여러 사람 앞에서 김구의 명을 받아 일본으로 떠난다는 사실을 갑자기 밝힌다면 어떤 일이 벌어질까? 일본 밀정이 득실대는 상하이에서 그 소문은 금방 일본 경찰의 귀에 들어갈 것이다. 만약 그렇게 된다면 심혈을 기울여 준비한 대사가 실패로 돌아갈 게 뻔했다.

김구는 다른 독립운동가들의 신변 안전도 걱정했다. 이봉창이 일본 경찰에 잡혀 잔인한 고문을 당하면 상하이에서 만난 독립운동가들에 대해 사실대로 실토할 수밖에 없을지도 모른다. 천황 폭살을 임시 정부에서 계획했다는 사실이 알려진다면 임시 정부의 활동이 중단되고, 아무 죄 없는 상하이 동포들도 피해를 입을 것이다. 그래서 김구는 이봉창의 소속을 임시 정부가 아닌, 아직 세상에 알려진 바가 없는 한인애국단 명의로 한 것이다.

12월 16일 아침, 이봉창은 영창공사에 들러 짐을 챙겨 도라야 잡화점으로 가지고 가 맡겼다. 이날 이봉창은 하루 종일 오송로에서 놀았다.

오후 7시, 이봉창은 신천상리 20호로 김구를 찾아갔다. 김구는 중국 요릿집으로 이봉창을 데려갔다. 저녁을 먹고 나서 김구는 8원 80전을 주고 이봉창에게 손목시계를 사 주었다. 그러고는 다시 전날 묵은 여관으로 갔다.

3 단국대학교 동양학연구소 편, 〈제7회 신문조서〉, 앞의 책, 455쪽.

김구는 선서문을 가슴에 달고 찍은 사진을 이봉창에게 건네주었다. 사진을 본 이봉창은 실망했다. 사진이 너무 희미해 얼굴과 선서문 내용을 제대로 알아볼 수 없었다.

"사진을 다시 찍었으면 좋겠습니다."

"경시청에서 사진을 확대해서 알아볼 수 있도록 할 테니 다시 찍을 필요는 없네."[4]

이봉창은 체포될 경우 어떻게 해야 할지 물었다.

"체포되어 취조를 받게 되면 어떤 내용을 진술하는 것이 좋겠습니까?"

김구는 일찍이 황해도 안악에서 교육 사업에 종사할 적에 안명근 사건(안악 사건)으로 체포되어 통감부 유치장에서 잔인한 고문을 당하고 공판을 받은 적이 있었다. 김구는 그때의 경험을 토대로 주의 사항을 세심하게 일러 주었다.

"그때는 독립 선서문을 목에 걸고 수류탄을 손에 들고서 찍은 사진을 보여 주며 선서문 그대로라고 말하게. 그 밖의 일은 될 수 있는 한 말하지 말고 버티게. 그러나 놈들이 갖은 수단을 다 동원해서 고문이라도 하게 되면 결국 무엇인가 이야기하지 않을 수 없을 거네. 그런 경우에는 자네의 인격에 맡길 수밖에 없네. 경우에 따라서는 상하이에서 겪었던 일을 털어놓아도 괜찮네."

"체포될 경우 선서문이나 이번 거사를 감행하게 된 동기를 밝히는 글 같은 것이 없으면 곤란하지 않겠습니까?"

4 단국대학교 동양학연구소 편, 〈제7회 신문조서〉, 앞의 책, 453쪽.

이봉창은 자신이 목숨을 걸고 하는 이 일이 행여 세상에 제대로 알려지지 않을지도 모른다는 걱정 때문에 그런 말을 한 것이다. 그러나 김구는 이봉창의 부탁을 거절했다.

"독립 선서문의 내용이 사진에 찍혀 있으니까 모든 것은 그것으로 판명될 것이네. 그러니 특별히 다른 문서를 가지고 있을 필요는 없네."

김구는 공판 때의 주의 사항도 알려 주었다.

"자네가 공판을 받게 되면 관선 변호사를 붙여 줄 것이네. 그러나 변호사 같은 것은 필요 없다고 주장하고 자네가 생각한 것만을 진술하는 것이 좋겠네."

김구는 이봉창의 행적을 영원히 남길 수 있도록 이력서를 써 달라고 부탁했다. 이봉창은 김구가 사 온 편지지에 자신의 이력을 간단히 적었다.

김구는 혹시 이봉창이 의기소침할까 염려되어 안중근의 이야기를 들려주면서 격려했다.

"하얼빈에서 이토 히로부미를 암살한 안중근을 아는가?"

"알고 있습니다."

"안중근은 지금까지도 하얼빈 부근의 중국인들에게 숭배를 받고 있다네."

"왜 그렇습니까?"

"이토는 러시아와 비밀 협약을 맺기 위해 하얼빈에 갔지만 암살되는 바람에 그 협약이 성립되지 않아 중국이 위기를 벗어났네. 그 때문에 하얼빈 부근의 중국인들은 오늘도 전과 같이 안중근을 숭배하고 있네. 자네의 이번 계획도 성공하게 되면, 중국은 물론이고 전 세계에 자네의 이름이 널리 알려져 나도 자네 덕분에 명성을 높이게 될 것이네."[5]

김구는 이봉창이 안중근의 뒤를 잇는 제2의 안중근이 되어 주기를 간절히 바랐다.

김구는 안중근 집안과 남다른 인연이 있었다. 열아홉의 어린 나이에 동학 농민군의 '애기 접주'로 황해도 해주성을 공격했다가 실패하고 안중근의 집에 잠시 피신한 적이 있었다. 그때 김구는 안중근의 아버지 안태훈의 식객으로 있으면서 안중근을 처음 보았다. 김구는 자신보다 세 살 어린 안중근의 씩씩한 모습에 감동을 받아 안중근에 대해《백범일지》에 상세히 적어 놓았다. 그런가 하면 안중근이 하얼빈에서 이토 히로부미를 암살했을 때는 아무 이유 없이 일본 헌병대에 붙잡혀 몇 달 동안 유치장 신세를 지기도 했다. 그리고 이봉창을 도쿄에 파견할 때는 청계동의 안중근 집에서 만난 안중근의 막내 동생 안공근이 핵심 참모로 김구를 보좌하고 있었다. 한인애국단 결성과 천황 폭살 계획도 안공근과의 협의 속에서 나온 작품이었다.

이봉창이 다시 김구에게 물었다.

"혹시 도쿄에서 저와 뜻을 같이하는 사람은 없습니까? 만일 그런 사람이 있으면 저에게 큰 도움이 될 것 같습니다."

"그런 사람은 없네. 일의 성사 여부와 관계없이 결과는 신문으로

5 김구, 배경식 풀고 보탬, 앞의 책, 325쪽; 단국대학교 동양학연구소 편, 〈제2회 신문조서〉, 〈제7회 신문조서〉, 〈제8회 신문조서〉, 앞의 책, 396~398쪽, 450~451쪽, 461쪽.

알 수 있으니 별도의 보고는 필요 없네."[6]

원래 김구 주위에는 제자이자 동지인 나석주와 이승춘이라는 뜻 있는 청년들이 있었다. 하지만 그들은 4년 전인 1926년 12월에 국내로 잠입하여 식산 은행과 동양 척식 주식회사에 폭탄을 던지고 자결했거나 체포되었다. 이들이 떠나자 김구의 주변에는 쓸 만한 젊은 인재가 없었다. 임시 정부 사무실의 임대료도 제때 못 내 주인에게 소송을 당할 정도의 어려운 재정 상황과 독립운동의 침체로 김구는 자신의 뜻을 실현시켜 줄 적당한 인물을 구하기가 어려웠다. 사정이 이러하다 보니 김구는 이봉창을 혈혈단신으로 적의 심장부인 도쿄로 떠나보낼 수밖에 없었다.

김구와 이봉창의 준비 과정을 살펴볼 때 '천황 폭살 계획은 무모한 행동이 아니었나?' 하는 생각을 지울 수 없다. 두 사람은 왜 이런 무모한 계획을 감행한 것일까? 두 사람은 자신들의 행동에 대해 어떻게 생각하고 있었을까?

그날 밤 이봉창은 김구와 많은 이야기를 나누면서 천황 폭살의 의미에 대해서도 곰곰이 생각했다.

'나 하나 희생된다고 해서 세상이 달라질까?'

이봉창은 결코 자신의 의거만으로 조선 독립이 실현될 것이라고는 믿지 않았다. 그런데도 굳이 김구가 이러한 의거를 감행하는 이유가 궁금했다.

6 단국대학교 동양학연구소 편, 〈제2회 신문조서〉, 앞의 책, 399쪽.

"저의 이번 계획이 다행히 성공하더라도 그것만으로 조선의 독립이 바로 실현되지는 않을 것이라고 생각합니다. 그 후에는 어떻게 할 생각이십니까?"

"나도 그건 잘 알고 있네. 자네의 거사와 같은 한두 번의 직접 행동으로 바로 조선이 독립될 것이라고는 생각하지 않네. 그러나 설사 성공하지 못하더라도 성공할 때까지 계속해서 희생자를 파견하면 성공할 것이라고 생각하네. 자네를 조선 독립을 위한 제1의 희생자로 일본에 파견하는 것이니 강한 애국심을 갖고 반드시 뜻한 바를 성공시키도록 하게. 자네와 같은 인격자를 또 만나면 자네 뒤를 이어 계속해서 파견할 생각이네."[7]

김구도 이봉창의 희생만으로 당장 조선의 독립이 달성될 것이라고 생각하지 않았다. 김구는 이봉창을 시작으로 계속해서 희생자를 파견하여 반드시 독립운동의 꺼진 불씨를 다시 지피고 싶었던 것이다. 김구는 그 길밖에 없다고 생각하고, 그 길을 결코 포기하지 않겠다는 굳은 의지를 이봉창에게 밝혔다. 그만큼 절박했던 것이다. 무엇이 이토록 김구를 절박하게 만들었을까? 김구의 이 절박함을 이해하기 위해서는 당시의 국제 정세와 독립운동의 환경을 돌아볼 필요가 있다.

이봉창이 도쿄로 떠난 1931년은 독립운동사에서 가장 절망적인 '암흑의 시기'였다. 3·1운동 직후의 혁명적인 열기와 독립의 희망이 사라지는 데는 그리 많은 시간이 걸리지 않았다. 1922~1923년을

7 단국대학교 동양학연구소 편, 〈청취서〉, 앞의 책, 537쪽.

넘어서면서 국제 정세가 점차 안정화되고 일본이 승승장구하면서 기대와 달리 독립의 희망은 점점 멀어졌다. 그럴수록 독립운동가들의 이탈은 늘어났다. 실낱같은 희망이라도 부여잡고 견뎌야만 하는 긴긴 절망의 시간이 계속되었다. 만주 사변이 일어난 1930년대 초반은 뚜렷한 독립운동의 성과가 없던 가장 힘든 시기였다. 특히 1931년에 일본이 만주 사변의 여세를 몰아 만주 전체를 장악하고 괴뢰 정권 만주국을 건설하면서 독립운동 최대의 근거지였던 만주에서의 무장 투쟁도 어렵게 되었다. 세계 대공황을 계기로 1920년대 후반 최고조에 이르렀던 국내의 대중 투쟁도 현격히 줄어들었다.

국제 정세도 일본에 유리하게 돌아갔다. 국제 연맹이 일본의 만주 침략에 압력을 넣자 일본은 국제 연맹을 과감히 박차고 나왔다. 국제 연맹은 그런 일본을 그저 바라볼 뿐 그 기세를 꺾지 못했다. 이탈리아와 독일에 파시스트 정권이 수립되면서 일본은 이들과 손을 잡고 침략의 고삐를 늦추지 않았다. 이처럼 만주 사변을 일으킨 일본은 국제 사회에서 오만하게 승승장구했지만 중국은 잔뜩 겁을 먹고 일본의 침략에 제대로 대처하지 못했다. 그럴수록 중국 땅에서 독립운동을 벌이는 조선인 독립운동가들의 설 자리는 점점 좁아졌다. 이봉창 의거가 일어나기 전에도 임시 정부는 중국 정부의 지원을 간절하게 요청했지만 장제스 정부는 그것을 애써 외면했다. 그래서 김구는 "물에 빠지면 지푸라기라도 잡는다."는 심정으로 꺼져 가는 독립운동의 불씨를 지피기 위한 최후의 수단으로 극단적 방법을 선택한 것이다.

12월 17일 아침, 여관에서 일어난 이봉창은 김구가 가르쳐 준 대로 긴 무명 띠로 복대를 하고 비단 주머니에 수류탄 두 개를 넣어 사타구니에 찼다. 수류탄이 흔들리지 않게 자줏빛 훈도시(남성의 음부를 가리기 위한 폭이 좁고 긴 천)로 단단히 묶고 나서 속바지와 양복바지를 입고 그 위에 검은 코트를 걸치고서 여관을 나왔다. 사타구니 사이에 묶어 놓은 수류탄이 걸을 때마다 흔들리는 바람에 여간 괴롭지 않았다.

이봉창은 김구와 함께 장원루라는 중국 음식점으로 가서 최후의 축배를 들었다.

"다음 세상에서 다시 만납시다."

두 사람은 비장한 각오로 거사의 성공을 기원했다.

음식점에서 나온 두 사람은 말없이 걸었다.

'이것이 이군과의 마지막이겠지.'

걸으면서 김구는 슬쩍 이봉창의 얼굴 표정을 살펴보았다. 선서식을 할 때보다 한결 편안해 보였다.

"최후의 이별을 기념합시다."

김구의 갑작스러운 말에 이봉창이 놀라서 물었다.

"그게 무슨 말씀이십니까?"

"지금 떠나면 다시는 얼굴을 보지 못할 걸세. 이승에서는 이것이 마지막이지만 사진으로나마 다음 세상에서 함께하도록 하세."

김구는 이봉창의 손을 끌고 가까운 중국 사진관으로 들어갔다. 두 사람은 나란히 사진기 앞에 앉았다. 김구는 차마 이봉창의 얼굴을 바로 쳐다볼 수 없었다. 마지막이라는 생각에 무뚝뚝한 김구의 얼굴이 더욱 굳어졌다 그러나 이봉창은 조금도 흔들리는 기색이 없이 도리어 김구를 위로했다.

"선생님, 저는 영원한 쾌락을 누리고자 즐거운 마음으로 이 길을 떠납니다. 큰일을 반드시 이룰 것이니 서로 기쁜 얼굴로 사진을 찍고 싶습니다."

이봉창의 입가에 잔잔한 미소가 번졌다. 삶과 죽음을 초월해 환하게 웃는 이봉창의 모습은 나흘 전 선서식을 하던 그 밤의 긴장된 표정과 너무도 대조적이었다.

'죽음을 앞두고 이렇게 태연할 수 있을까. 이 사람은 벌써 마음을 비웠구나.'

김구는 슬픔을 참고 억지로 미소를 띠고 사진을 찍었다.

"이 사진은 기념으로 내가 보관하겠네."[8]

그러나 불행하게도 이때 두 사람이 함께 찍은 사진은 남아 있지 않다. 다만 이봉창 혼자 코트에 두 손을 넣고 환한 미소로 찍은 사진이 남아 있어 그날의 모습을 전해 주고 있다.

사진관에서 나온 두 사람은 굳은 악수로 작별 인사를 했다. 이윽고 준비된 택시가 왔다. 이봉창은 차에 타고 머리 숙여 마지막 인사를 했다. 김구가 답례를 하자 무정한 택시는 경적 소리를 한 번 울리고 훙커우 쪽으로 쏜살같이 달려갔다."[9]

8 단국대학교 동양학연구소 편, 〈제7회 신문조서〉, 앞의 책, 453쪽.

9 김구, 배경식 풀고 보탬, 앞의 책, 500쪽.

다시 일본으로

김구와 작별한 이봉창은 곧바로 짐을 맡겨 둔 하숙집 잡화점으로 갔다. 잡화점에서 조카사위에게 줄 선물로 과일 바구니 한 개, 중국 밤 세 개, 중국술 두 병, 장어 통조림 등을 샀다. 잡화점 주인아주머니는 이봉창이 일본으로 돌아간다고 하자 나라에 있는 딸과 도쿄에 있는 아들에게 보내는 선물을 전해 달라고 부탁했다. 이봉창은 잡화점 주인아주머니가 차려 준 점심을 먹고 부두로 갔다.

부두에는 이봉창을 배웅하기 위해 많은 사람이 나와 있었다. 배웅객은 모두 일본인이었다. 그들은 이봉창이 상하이에 1년 가까이 있으면서 친하게 지낸 일본인들이었는데, 그들 가운데에는 상하이 일본 총영사관의 경찰 간부도 끼어 있었다. 김홍일의 회고에 따르면, 이봉창은 상하이 일본 총영사관의 경찰 간부와도 친한 사이여서 그 경찰 간부가 자기 명함에다 이봉창의 소개장을 써 주었다고 한다.

도쿄로 유학 가는 착실한 청년이니 잘 인도해 주라는 내용이었다. 소개장의 수신인은 일본으로 들어가는 관문인 나가사키 경찰서장이었다. 도쿄 사건이 일어나자 소개장을 써 준 경찰 간부는 즉시 파면되어 일본으로 소환된 뒤에 자살했다고 한다.[1] 이 일화는 이봉창이 상하이에서 자신의 신분을 속이고 얼마나 완벽하게 일본인처럼 생활했는지를 잘 보여 준다.

이봉창이 부두에서 배표를 사려고 할 때 낯선 중국인이 어디까지 가느냐고 물었다. 이봉창이 고베까지 간다고 대답하자, 그 중국인은 "제 동생도 같은 배로 도쿄까지 갑니다." 하고 말했다. 그 중국인은 자기 동생 이름이 주복근이라고 하면서 동생을 이봉창에게 소개시켜 주었다.

"아직 어려서 철이 없습니다. 가는 길에 말동무도 해 주시면서 아무쪼록 잘 돌봐 주시기 바랍니다."

이봉창은 그렇게 하겠다고 대답했다.

12월 17일 오후 3시, 이봉창은 빨간 가죽 트렁크 한 개와 중국산 등나무 바스켓 한 개를 들고 고베로 가는 우편선 히카와마루에 올랐다. 선객 명부에는 '효고 현 기노사키에 사는 축음기 상인 기노시타 쇼조'라고 자신의 신분을 적었다. 효고 현 기노사키는 각기병 치료를 위해 반 년가량 요양했던 곳이다.

배에 오를 때 이봉창은 세관 직원이 몸수색을 하지 않을까 걱정했다. 다행히도 세관 직원은 바스켓과 트렁크만 검사하고 몸은 수색하

1 김홍일, 앞의 책, 274쪽.

지 않았다. 세관 직원은 일본인들의 뜨거운 배웅을 받으며 일본 경찰 간부의 소개장까지 가지고 배에 오른 이봉창을 전혀 의심하지 않았다.

배에 무사히 오르자 이봉창은 김구의 지시대로 수류탄을 신문지에 싼 다음 다시 보자기로 싸서 트렁크 밑바닥에 넣어 두었다. 배 안에서는 중국인 주복근과 어울려 잡담을 하기도 하고, 술을 마시거나 마작을 하면서 시간을 보냈다.[2]

1931년 12월 19일

밤 8시에 이봉창이 탄 우편선 히카와마루가 고베 항에 닿았다. 상하이로 떠난 지 1년 1개월 만이었다.

이봉창은 트렁크를 열고 수류탄이 든 비단 주머니를 꺼내서 허리에 차고 그 위에 바지를 입었다. 그러고는 트렁크와 바스켓을 들고 배에서 내렸다. 세관 직원이 이봉창의 트렁크와 바스켓을 검사했다.

'혹시 몸수색을 하면 어떡하지? 수류탄을 감춘 것이 들키기라도 하면 끝장이다.'

가슴을 졸였지만 배에 탈 때와 마찬가지로 세관 직원은 이봉창의 몸은 검사하지 않았다. 세관 직원은 말쑥하게 차려입고 일본어를 유창하게 구사하는 이봉창을 의심하지 않았다.

이봉창은 곧바로 고베 역으로 가서 오사카로 가는 한신 전차를 탔

2 홍인근, 〈마지막 상해에서의 이봉창 행적〉, 앞의 책, 323쪽; 단국대학교 동양학연구소 편, 〈제3회 신문조서〉, 앞의 책, 400~401쪽.

다. 전차는 두 시간 뒤인 밤 10시경에 오사카에 도착했다. 이봉창은 미나토 구 야쿠모 정의 우메노야 여관에 투숙하고, 숙박부에 기노시타 쇼조라고 적었다.

그날 밤 이봉창은 잠이 오지 않았다. 그는 여관을 나와 근처에 있는 카페에 가서 여급과 놀다가 밤 12시가 다 되어서야 여관으로 돌아왔다.

12월 20일

이날 이봉창이 몇 시에 일어났는지는 분명하지 않다. 이봉창은 상하이의 도라야 잡화점 아주머니로부터 나라에 있는 딸에게 전해 달라고 부탁받은 선물을 전해 주기 위해 여자 고등사범 기숙사로 갔다. 소포로 부칠까 하다가 오사카와 가까운 거리라서 바람도 쐴 겸 직접 가기로 했다.

이봉창은 잡화점 아주머니의 딸에게 선물을 전해 주고 혼자 나라 시내를 구경하다가 정오가 조금 지나서 오사카로 돌아왔다. 시내 영화관에서 〈나카무라 대위〉라는 영화와 또 다른 영화 한 편을 보고, 저녁 무렵 전날 갔던 카페에 가서 놀았다. 도요코라는 여급이 이름을 써 달라고 해서 수첩에 기노시타 쇼조라고 써 주었다. 도요코가 다시 손수건에 자기 이름을 써 달라고 해서 도요코라고 써 주었다.[3]

여관으로 돌아왔다가 밤 12시쯤 여관을 나와 유명한 마쓰시마 유곽으로 가서 그날 밤을 보냈다. 이때 이봉창은 일본인 기노시타로

3 단국대학교 동양학연구소 편, 〈제8회 신문조서〉, 앞의 책, 469~470쪽.

행세했다.

12월 21일

오전 8시쯤 유곽을 나와 우체국으로 가서 잡화점 아주머니가 도쿄에 사는 아들에게 전해 달라고 부탁한 선물을 포장해서 우편으로 부쳤다. 도쿄에 가서 직접 전해 주려고 했으나 거리가 너무 멀고 그럴 시간도 없을 것 같아서 미리 우편으로 부친 것이다.

오전 11시 30분쯤 이봉창은 박용석을 찾아갔다. 그는 조카딸 은임의 남편인 이석숭의 의붓아버지의 동생이었다. 이봉창은 상하이를 떠날 때 조카딸에게 주려고 사 온 과일 바구니, 중국술, 장어 통조림, 중국 밤 등을 박용석에게 주었다. 그러나 병원으로 이석숭을 찾아가거나 은임을 만나지는 않았다.[4]

오후에 이봉창은 상하이를 떠나기 전에 시모카와 상하이 일본 영사에게서 부탁받은 레코드 커버를 사기 위해 이치오카의 레코드 가게로 갔다. 가게 주인은 저녁에 찾으러 오라고 했다. 이치오카 시내를 구경하면서 시간을 보내다가 저녁 무렵에 레코드 커버를 찾아 전날 갔던 카페에 가서 포장했다. 이봉창이 내일 오사카를 떠난다고 하자 카페 여급들이 오사카 역까지 배웅해 주겠다면서 내일 아침에 카페에 들렀다 가라고 했다.

그날 밤 이봉창은 마쓰시마 유곽으로 가서 다시 하룻밤을 보냈다.

4 단국대학교 동양학연구소 편, 〈제4회 신문조서〉, 앞의 책, 417쪽.

12월 22일

아침 8~9시쯤 우체국으로 가서 시모카와 영사 앞으로 소포를 부치고, 여관으로 돌아와서 짐을 싼 뒤 오전 11시경에 여관을 나왔다.

오사카에서 사흘을 보내는 동안 이봉창은 아무도 만나지 않았다. 청년회관 앞에 살던 친구 두 명과 상하이로 떠나기 전에 만난 박태산을 찾아갔으나 다른 곳으로 이사한 뒤라서 만날 수 없었다.[5]

오사카 역으로 가는 길에 카페에 들렀으나 문이 닫혀 있어 곧바로 역으로 갔다. 역 대합실에서 카페 여급에게 보내는 엽서를 써서 우체통에 넣었다.

오후 1시에 이봉창은 오사카 역에서 도쿄로 가는 쓰바메 열차[6]를 탔다. 기차 안에서 도쿄에서 묵을 숙박지를 찾기 위해 기차표에 인쇄된 여관 광고를 훑어 보았다. 아사쿠사 구 마쓰기요 정의 오와리야 여관과 시타야 구 시모쿠루 정 14번지의 아사히 호텔 두 곳을 저울질하다가 오와리야 여관에 묵기로 마음을 정했다.[7] 두 곳 모두 천황이 사는 고쿄에서 그리 멀지 않은 곳에 있었는데. 오와리야 여관이 아사히 호텔보다 숙박비가 쌌다.

쓰바메 열차는 오사카를 출발한 지 여덟 시간이 조금 지난 오후 9

5 단국대학교 동양학연구소 편, 〈제3회 신문조서〉, 〈제8회 신문조서〉, 앞의 책, 400~404쪽, 469쪽.

6 우리말로 제비란 뜻의 쓰바메 열차는 1930년 10월 1일에 개통된, 도쿄에서 고베 구간을 운행하는 초특급 열차다. 당시로서는 경이적인 속도인 최고 시속 90킬로미터로 주행하여 도쿄와 고베 구간을 두 시간 이십 분이나 단축시켰다.

7 단국대학교 동양학연구소 편, 〈제3회 신문조서〉, 앞의 책, 404쪽.

시 20분에 도쿄 역에 도착했다. 이봉창은 도쿄 역에서 국철 전차로 갈아타고 우에노 역까지 가서 역 앞에서 일반 택시를 타고 오와리야 여관으로 갔다. 숙박계에는 오사카 시 미나토 구 야쿠모 정 3가 43번지에 사는 기노시타 쇼조라고 적었다.[8] 그 주소는 오사카에 도착해서 묵은 우메노야 여관의 주소였다.

도쿄에 도착했을 때 이봉창의 주머니에는 13~14엔 정도가 남아 있었다. 〈신문조서〉에서 밝힌 금전 사용 현황에 따르면, 상하이에서 유흥비와 선물 구입비로 50엔, 상하이에서 고베로 오는 배삯으로 23엔, 오사카에서 숙박비와 유흥비 및 기타 비용으로 50엔, 오사카에서 도쿄까지의 기차값으로 10엔을 썼다.[9] 오사카에서 보낸 사흘 동안 상당히 많은 돈을 썼다는 것을 알 수 있다.

12월 23일

우체국에 가서 김구에게 송금을 부탁하는 전보를 쳤다.

"100엔이 필요하니 마쓰기요 3번지 오와리야 여관 앞으로 송금 바람"

12월 24일

크리스마스이브. 기다리던 송금이 오지 않았다. 아무 데도 가지 않고 여관에서 시간을 보냈다.

8 단국대학교 동양학연구소 편, 〈제3회 신문조서〉, 앞의 책, 404쪽.
9 단국대학교 동양학연구소 편, 〈제8회 신문조서〉, 앞의 책, 463쪽.

12월 25일

크리스마스이자 1차 거사 예정일로 잡은, 천황이 의회 개원식에 참석하는 날이다. 이 날짜에 맞추어 거사를 실행할 수도 있었지만 돈이 없는 데다가 굳이 이날 결행하려는 기분도 들지 않아 거사 계획을 포기했다.[10] 〈신문조서〉에도 거사를 하려고 했던 흔적은 보이지 않는 것으로 보아 처음부터 이봉창은 이날 거사를 결행할 생각이 별로 없었던 것 같다.

12월 26일

전보를 친 지 사흘이 지났으나 회답이 오지 않았다. 돈이 얼마 남지 않아 오와리야 여관에 계속 묵는 것이 부담스러웠다. 상하이에서 일본으로 올 때 같은 배를 탔던 중국인 주복근을 찾아갔다. 그는 도쿄 시내에서 카페를 하고 있었는데, 고베에서 헤어질 때 명함을 주며 도쿄에 오게 되면 한번 놀러 오라고 했다. 주복근의 카페에서 술과 음식을 대접받고 여관으로 돌아왔다. 짐을 싸서 혼초 구 미도리정 4가에 있는 아오키라는 싸구려 여인숙으로 옮겼다. 숙박부에는 마쓰하라 가즈오라고 적었다.

12월 27일

우체국으로 가서 김구에게 송금을 독촉하는 전보를 쳤다.

"돈이 오지 않았다. 확실하게 알려 달라. 지금 곤란하다."

10 단국대학교 동양학연구소 편, 〈제3회 신문조서〉, 앞의 책, 413쪽.

전보를 치고 나서 이봉창은 싸구려 여인숙의 전당 통장을 빌려 시영 전당포로 가서 상하이를 떠날 때 김구가 사 준 손목시계를 맡겼다. 8엔 80센을 주고 산 시계인데 겨우 1엔 50센을 쳐주었다.[11]

거사 자금이 부족해 전전긍긍한 것은 8년 전 제국 의회 개원식장에 폭탄을 던지려고 일본에 온 김지섭의 경우도 마찬가지였다. 상하이를 떠날 때 여비로 100엔을 가져갔지만 후쿠오카에 도착했을 때 돈이 떨어져 회중시계와 담요까지 저당을 잡혀 밥값을 치렀다.[12] 그만큼 독립운동 자금을 조달하는 것은 어려운 일이었다.

기다리던 돈이 오지 않자 이봉창은 불안했다. 아무도 의지할 사람이 없는 상황에서 돈이 오기만을 무작정 기다릴 수는 없었다. 이봉창은 임시로 일자리를 구하기로 하고 여관 근처의 직업소개소를 찾아가서 기노시타 쇼조 명의로 일자리를 부탁했다.

12월 28일

직업소개소에서 연락이 왔다. 소개소 주인은 초밥 재료를 다루는 상점을 소개해 주었다. 이봉창은 그곳에서 일하기로 결정하고 짐을 찾으러 오와리야 여관에 들렀더니 김구가 보낸 전보가 와 있었다.

"정금正金에 100엔 보냈다. 백白."[13]

김구는 이봉창의 독촉 전보를 받고 12월 28일에 이봉창에게 100

11 단국대학교 동양학연구소 편, 〈제3회 신문조서〉, 앞의 책, 405쪽.

12 〈조선일보〉 1924년 4월 24일자 〈호외〉.

13 단국대학교 동양학연구소 편, 〈제3회 신문조서〉, 앞의 책, 404~405쪽.

엔을 송금했다.[14] 이봉창은 곧 돈이 올 것이라고 생각하여 취직을 미루고 다시 오와리야 여관으로 숙소를 옮겼다.

그날 저녁 이봉창은 오와리야 여관에서 〈아사히 신문〉을 읽고서 1932년 1월 8일에 요요기 연병장에서 열리는 육군 시관병식에 일본 천황이 참가한다는 사실을 알게 되었다. 이봉창은 시관병식 날이야말로 천황을 살해할 수 있는 가장 좋은 기회라고 생각했다.[15]

일본은 해마다 신년 초인 1월 8일에 천황이 직접 참관한 가운데 요요기 연병장에서 친위 경호부대의 사열을 받는 육군 시관병식을 거행했다. 천황의 생일이나 기타 국가의 중요한 행사 때도 관병식을 거행했다. 도쿄뿐만 아니라 일본군이 주둔하고 있는 지역에서도 주둔 사령부별로 관병식을 거행했다. 도쿄와 같은 날 같은 시각에 이봉창이 살던 용산의 일본 주둔군 사령부 연병장에서도 관병식을 거행했다. 관병식은 해마다 같은 날짜에 열리는 연례행사로 신문에 예고 기사가 나가고 구경을 원하는 사람들은 신청을 하면 누구나 관람할 수 있었다.[16] 1926년 1월 8일에는 조선 총독부 청사를 새로 지은 기념으로 광화문 앞에서 화려한 관병식 퍼레이드를 해서 큰 구경거리를 만들기도 했다. 이때 일제는 관병식 행사가 진행되는 거리에 교통 차단 조치를 내리고 만약의 사태에 대비해서 경계를 강화하는

14 백범김구선생전집편찬위원회, 《백범 김구 전집》 4, 대한매일신보사, 1997, 196쪽.

15 홍인근, 〈조선총독부 경비관계철(소화 7년) 이봉창 관련〉, 앞의 책, 315쪽; 단국대학교 동양학연구소 편, 〈제3회 신문조서〉, 〈청취서〉, 앞의 책, 413쪽, 538쪽.

16 〈금일 관병식 용산에서 거행〉, 〈동아일보〉 1922년 1월 8일자: 〈관병식 연습〉, 〈시대일보〉 1925년 1월 7일자.

등 삼엄한 준비를 했다.[17] 이봉창이 일본으로 떠나던 해인 1925년 1월 8일에도 용산 일본군 사령부 연병장에서 관병식이 열렸다.[18] 이봉창의 경우 자신이 사는 용산에서 해마다 떠들썩하게 열리는 관병식에 대해 전혀 모르지는 않았을 것이다.

그런데 1932년의 시관병식은 일본이 만주 사변을 일으켜 만주 대륙을 점령한 후 열리는 첫 관병식이라서 다른 해보다 특별한 의미가 있었다.[19] 천황은 시관병식에서 칙어를 발표하여 만주와 랴오시 지방 전투에 참가하고 있던 관동군의 노고를 치하할 계획이었다.[20] 이를 통해 만주를 점령한 육군의 사기를 높여 주는 동시에 그들의 충성심을 다짐받고자 했다. 물론 그 이면에는 자신들의 만주 침략을 대외적으로 널리 선전하여 기정사실화하려는 속셈이 깔려 있었다.

이봉창은 트렁크에서 수류탄을 꺼내 손질했다. 수류탄 주둥이에 끼워 놓은 나무 마개를 조심스럽게 뽑아내고 그 자리에 쇠로 된 기구를 끼워 넣은 다음 안전핀을 뽑고 던지기만 하면 바로 폭발하도록 해 놓았다. 김구는 안전핀을 뽑더라도 손가락으로 만지는 정도의 힘을 가해서는 수류탄이 폭발하지 않는다고 했다. 이봉창은 안전핀을 뽑고 손으로 수류탄을 만져 보고 나서야 김구의 말이 사실임을 알고 안심했다.[21]

17 〈관병식과 시내 경계, 때가 때이니 만큼〉, 〈시대일보〉 1926년 1월 8일자.
18 〈육군시관병식〉, 〈시대일보〉 1925년 1월 8일자.
19 최서면, 〈이봉창 의거 연구서설〉, 《대한민국임시정부 수립80주년기념논문집》 하, 국가보훈처, 1999, 150쪽; 홍인근, 앞의 책, 106쪽.
20 〈칙어, 관동군에 내리다〉, 〈아사히 신문〉 1932년 1월 9일자.
21 단국대학교 동양학연구소 편, 〈제2회 신문조서〉, 〈공판조서〉, 앞의 책, 391쪽, 505쪽.

12월 29일

이봉창은 아사쿠사 우체국으로 가서 직원에게 기노시타 쇼조 앞으로 온 송금을 확인했다. 우체국 직원은 돈이 오지 않았다고 말했다. 이봉창은 곧바로 김구에게 돈을 보냈는지를 확인하는 전보를 쳤다.

기다리던 돈이 오지 않자 이봉창은 초조하고 불안했다. 돈이 오지 않으면 거사를 실행할 수 없었다. 이봉창은 관병식 전에 돈이 오면 예정대로 거사를 결행하고, 만약 그때까지도 돈이 오지 않으면 다음 기회로 미루기로 했다.[22]

12월 30, 31일

한 해가 저무는데도 기다리던 연락은 오지 않았다. 거리는 연말 분위기로 떠들썩했지만 이봉창은 도쿄의 싸구려 여관방에서 돈이 오기만을 초조하게 기다렸다.

1932년 1월 1, 2일

여관에서 새해 첫 이틀을 꼬박 기다렸지만 연락은 없었다.

이 무렵 이봉창은 틈틈이 자신의 출생과 경력 등을 자세히 적은 수기를 썼다.[23] 상하이를 떠나오기 전에 김구의 요구로 자신의 일생 경력을 간단히 적었지만 아무래도 그것으로는 부족하다고 생각했다. 그때는 갑작스러운 요구로 급히 쓰는 바람에 정확하지 않거나

22 단국대학교 동양학연구소 편, 〈청취서〉, 앞의 책, 538쪽.
23 단국대학교 동양학연구소 편, 〈제7회 신문조서〉, 앞의 책, 457쪽.

충분히 생각하지 못하고 적은 것도 많았다. 자신이 어떻게 살았고, 일본인에게 얼마나 차별을 받았으며, 왜 천황을 죽이려고 했는지에 대해 자세한 기록을 남기고 싶었다.

1월 3일

마침내 전보 칠 돈도 떨어졌다. 여관 주인에게 돈을 빌리고 싶었지만 정초부터 여관에서 돈을 빌리는 것이 왠지 내키지 않았다. 이봉창은 여름옷과 속옷 등을 싸들고 아오키 여인숙 근처의 헌옷 가게를 찾아갔다.

"돈이 생기면 찾으러 올 테니 그때까지만 맡아 주세요."

헌옷 장사는 이봉창의 신원을 믿을 수 없었는지 여관으로 사람을 보내 이봉창에 대해 알아보고 나서야 물건 값을 치러 주었다. 헌옷을 받고 주인이 내민 돈은 고작 1엔 30센이었다.

우체국으로 가서 송금을 독촉하는 전보를 치고 여관으로 돌아왔다. 여관에 틀어박혀 하루 종일 돈이 오기만을 기다렸다.[24]

1월 4일

이날도 답장이 없자 이봉창은 중앙 우체국으로 가서 직접 송금 상황을 확인했다.

"혹시 기노시타 쇼조라는 이름 앞으로 온 전보 우편환이 있습니까?"

24 단국대학교 동양학연구소 편, 〈제3회 신문조서〉, 〈제7회 신문조서〉, 앞의 책, 405쪽, 457쪽.

우체국 직원은 고개를 갸우뚱하며 말했다.

"상하이와 일본 사이에는 전보 우편환을 보낼 수 없습니다. 보통환으로 보냈다고 하더라도 날짜를 따져 보면 벌써 도착했어야 하는데 아직 안 온 것을 보면 돈을 우체국이 아닌 은행으로 보냈을 수도 있습니다."

우체국 직원의 말을 듣고서야 이봉창은 퍼뜩 정신이 들었다. 전보 첫머리에 적힌 '정금正金'을 '일본 돈'으로만 생각했는데, 우체국 직원의 말을 듣고 보니 '정금'은 '일본 돈'이 아니라 정금은행이었다. 정금은행은 요코하마에 본점을 두고 1880년에 설립된 일본 유일의 외국환 전문 은행인 요코하마 정금은행을 말한다. 제2차 세계 대전 이전에 세계 3대 외환 은행의 하나로 꼽히던 세계적 규모의 은행으로 성장한 정금은행은 1947년에 도쿄 은행으로 은행명을 바꾸었으며, 1996년에는 미쓰비시 은행과 합병하여 도쿄미쓰비시 은행이 되었다.

김구는 송금 전보와는 별도로 돈을 정금은행 앞으로 부쳤으니 그곳에 가서 찾으라는 편지를 이봉창이 묵고 있는 오와리야 여관 앞으로 보냈다. 우체국 환이 아니라서 이봉창이 혹시 찾지 못할지도 모른다는 걱정 때문에 그런 편지를 보낸 것 같다. 그러나 불행히도 이봉창은 그 편지를 받지 못했다. 그 편지는 이봉창이 오와리야 여관을 떠난 뒤에 여관에 도착했고, 여관 주인은 이봉창의 연락처를 알지 못해 전해 주지 못했다. 이봉창은 체포된 뒤에 검사가 증거품으로 내민 편지를 보고서야 그 사실을 알았다.[25]

이봉창은 곧바로 니혼바시 구 무로마치의 정금은행 지점으로 가서 송금 상황을 확인했다. 김구가 말한 대로 100엔이 와 있었으나 돈을 찾기 위해서는 본인을 입증할 신원 증명이 필요했다. 이봉창은 우체국 근처의 도장집에서 20센을 주고 기노시타 쇼조라는 이름으로 명함을 찍고, 오와리야 여관에서 숙박증명서를 끊어 정금은행 지점으로 가서 돈을 찾았다.[26] 김구가 돈을 부친 지 일주일 만이었다.

이봉창은 곧바로 아사쿠사 우체국으로 가서 김구에게 전보를 쳤다.

"상품은 1월 8일에 꼭 팔릴 터이니 안심하시오."[27]

이봉창의 전보를 받고서야 김구는 이봉창이 천황이 관병식에 참가하는 1월 8일을 거사일로 정했음을 알았다.

전보와 별도로 이봉창은 김구에게 감사의 편지를 썼다.

"돈을 미친 것처럼 다 써 버려서 주인에게 줄 밥값까지 빚을 졌는데, 돈을 받아 빚을 다 갚고도 남겠습니다."[28]

이봉창이 김구에게 보낸 마지막 편지였다.

25 단국대학교 동양학연구소 편, 〈제8회 신문조서〉, 앞의 책, 468쪽.

26 단국대학교 동양학연구소 편, 〈제3회 신문조서〉, 앞의 책, 405~406쪽.

27 김구, 배경식 풀고 보탬, 앞의 책, 500쪽. 그런데 〈동경작안의 진상〉에서는 김구가 전보를 받은 것은 1월 초라고 했으나, 《백범일지》에는 이봉창이 상하이를 떠난 지 10여 일 후에 이 전보를 받았다고 했다. 여러 가지 정황으로 미루어보아 《백범일지》의 기술대로 이봉창이 1월 8일을 천황 폭살일로 정하고 김구가 보낸 돈을 수령한 1월 4일로 보는 것이 타당한 것 같다.

28 김구, 배경식 풀고 보탬, 앞의 책, 500쪽.

현장 답사

이봉창은 오와리야 여관으로 가서 밀린 숙박비를 계산하고, 지난번에 진 신세를 갚기 위해 중국인 주복근의 카페를 찾아갔다. 카페에서 음식을 먹고 술을 마시느라 2엔 30센을 썼다.

취기가 오른 이봉창은 카페 주인 주복근에게 가와사키의 유곽으로 안내해 달라고 했다. 가와사키 시는 도쿄의 남쪽인 가나가와 현 북동부의 도쿄 만에 붙어 있는 공업 도시로 유흥가와 유곽으로 유명했다. 주복근은 새해 초라서 가게가 바빠 새벽 2시까지는 자리를 비울 수 없다면서 거절했다. 그때 마침 가게에 있던 한 일본인이 이봉창의 말을 듣고 자기가 안내하겠다고 했다.

이봉창은 그 일본인을 따라 가와사키 미나미 정에 있는 다마키로라는 유곽에 들어가서 시즈에라는 창녀를 샀다. 오와리야 여관에 전화를 걸어 여관 주인에게 오늘 밤은 밖에서 잔다고 말했다.

1월 5일

일어나 보니 함께 왔던 일본인은 먼저 가고 없었다. 이봉창은 오전 9시에 다마키로를 나와서 오와리야 여관으로 갔다. 김구에게 회답이 오는 대로 곧바로 여관을 옮길 생각이었다. 오와리야 여관을 주소지로 해서 상하이의 김구에게 전보를 쳤기 때문에 그곳에 계속 있다가는 거사 뒤에 김구의 신분이 노출될 것을 염려한 것이다. 이봉창은 김구의 신분은 숨기고 자기 혼자서 거사의 모든 책임을 지려고 했다.[1]

전보를 기다리는 동안 이봉창은 아사쿠사의 데이코쿠 영화관 등에서 영화를 보며 시간을 보냈다. 도쿠가와 바쿠후가 들어서면서 급속히 발달한 아사쿠사는 영화관, 공연장, 카페, 술집, 각종 놀이 기구, 음식점이 즐비한 도쿄의 대중 소비문화의 중심지였다.[2] 아사쿠사의 중심은 센소사 주변이다. 어부 형제가 바다에서 물고기를 잡다가 그물에 걸려 올라온 관세음보살상을 모시기 위해 건립했다는 센소사는 도쿄에서 가장 오래된 절이자 관광 명소다.

이봉창은 거사를 앞두고 그 결과가 몹시 궁금했다. 이봉창은 센소사 앞에서 시험 삼아 오미쿠지를 뽑았다. 오미쿠지는 일본의 신사나 절에서 길흉을 점치는 일종의 제비뽑기다. 산통에서 숫자가 적힌 막

1 단국대학교 동양학연구소 편, 〈제3회 신문조서〉, 앞의 책, 408쪽.

2 1903년에 일본 최초의 영화 전문관인 덴키칸이 들어선 이후 아사쿠사에는 영화관과 공연장, 카페, 레스토랑, 각종 놀이 기구, 음식점, 술집 등이 즐비하게 들어섰다. 그래서 그곳은 언제나 젊은 청춘의 심장을 마치 고무풍선처럼 부풀리게 하고, 굶주린 코를 무한히 자극하는 일본의 다른 어떤 곳에서도 느낄 수 없는 아사쿠사만의 독특한 냄새인 '양귀비의 시취'를 지닌 '유혹의 공간'이었다(김정동, 《일본을 걷는다》, 한양출판, 1997, 301~302쪽).

대기를 뽑아 서랍에서 그 번호에 해당하는 점괘가 적힌 종이를 꺼내 길흉을 판단한다. 이때 좋은 점괘가 나오면 가지고 갈 수 있지만 나쁜 점괘가 나오면 절에 묶어 두고 액운을 쫓는다.

이봉창은 산통을 흔들어 점괘를 뽑았다. '제35 길吉'이라는 점괘가 나왔다. 길조였다. 이봉창은 기분이 좋아서 이때 친 점괘를 김구에게 보냈다.

저녁 무렵 여관으로 돌아왔으나 기다리던 회신은 오지 않았다. 내일은 관병식 예행연습이 열리는 요요기 연병장을 둘러보기로 하고 일찍 잠자리에 들었다.

1월 6일

오전 8시 30분, 이봉창은 여관에서 가까운 우에노 역에서 야마노테센을 탔다. 야마노테센은 한국의 2호선과 같이 도쿄 도심을 도는 순환선으로, 우에노 역에서 요요기 연병장에 가려면 서쪽으로 돌아서 하라주쿠 역에서 내려야 한다. 하지만 이봉창은 지리를 몰라 한 정거장 더 가 요요기 역에서 내렸다. 1년 정도 도쿄에서 생활한 적이 있었지만 요요기 연병장은 처음이라서 실수를 했다. 요요기 역에서 하라주쿠 역까지는 직선거리로 1킬로미터 정도 되지만 걸어갈 경우 약간 돌아가기 때문에 15~20분 정도 걸렸다. 이봉창은 요요기 역 앞에서 하라주쿠 역으로 가는 승합차를 탔다. 그런데 이번에도 지리를 몰라 하라주쿠 역을 지나쳐 종점인 메이지 신궁 외원(진구가이엔)의 요요기 국립 경기장까지 갔다. 이봉창은 종점에서 다시 승합차를 타고 운전사에게 요요기 연병장으로 가는 길을 물었다.

"관병식 예행연습을 보러 가는 길인데 어디서 내리면 됩니까?"

운전사는 이봉창에게 친절하게 길을 가르쳐 주고 나서 다시 말했다.

"실은 저도 관병식에 참관할 생각으로 아는 헌병에게 명함을 받아 두었는데 공교롭게도 쉬는 날이 아니라서 갈 수 없게 되었습니다. 혹시 손님께서 그날 보러 갈 생각이 있으면 드리겠습니다."

운전사는 이봉창을 관병식을 구경하려는 일본인으로 착각했다. 이봉창은 기회라고 생각하고 운전사에게 물었다.

"명함을 볼 수 있습니까?"

"물론이죠."

운전사는 명함을 꺼내 이봉창에게 보여 주었다. 명함에는 '도쿄 헌병대 본부 부관부 육군 헌병 조장 오바 젠케이'라고 적혀 있었다.[3] 이봉창은 헌병 조장의 명함이면 관병식 날 요요기 연병장 입장이 수월하고 여러 가지 도움도 받을 수 있을 것으로 생각했다. 이봉창은 운전사에게 고맙다고 말하고 명함을 받아 주머니에 넣었다.

승합차 운전사는 이봉창을 하라주쿠 역 앞에 내려 주었다. 하라주쿠 역에서 오른쪽으로 도로를 따라 50미터쯤 걸어가면 메이지 신궁으로 들어가는 신궁교가 나오는데, 그 다리를 건너 오른쪽으로 가면 메이지 신궁이고 왼쪽으로 가면 요요기 연병장이다.[4] 신궁교 앞쪽으

3 단국대학교 동양학연구소 편, 〈제3회 신문조서〉, 앞의 책, 407쪽.

4 하라주쿠 역은 메이시 시대에 도쿄 중심부와 교외를 연결하기 위해 1906년에 개통되었으나 1923년의 간토 대지진으로 역사가 소실되어 1924년에 영국식 목조 건물로 새로 지었다. 이때 지은 역사 건물은 지금까지 그대로 사용되고 있는데, 도쿄 도 내에 현존하는 가장 오래된 목조 역사 건물이라고 한다.

로는 신궁 참배길로 만들어진 오모테산도가 넓게 뻗어 있다.

이봉창은 신궁교를 건너 왼쪽 길을 따라 요요기 연병장으로 들어갔다.[5] 이봉창은 연병장 주위를 천천히 걸으면서 계획을 실행할 만한 적당한 장소를 물색해 보았다. 그러나 연병장은 생각한 것보다 훨씬 넓었다.

'아무래도 이곳에서는 어렵겠다.'

사방이 탁 트인 넓은 곳에서 천황에게 접근하는 것은 쉬울 것 같지 않았다. 이봉창은 요요기 연병장에서의 거사 계획을 포기하고 다른 곳을 알아보기로 했다. 요요기 연병장에서 거사를 결행할 생각이었기 때문에 이봉창은 그때까지 천황의 행차 길을 알아 두지 않았다.

'연병장이 아니라면 어디가 좋을까?'

이봉창은 요요기 연병장을 나오면서 마땅한 장소를 생각해 보았으나 얼른 떠오르는 곳이 없었다.

'연병장으로 들어가는 길가에서 기다렸다가 천황을 폭살하면 되겠구나.'

이봉창은 천황의 이동로를 알아보기 위해 하라주쿠 역에서 북쪽 길을 따라 신주쿠 역까지 천천히 걸었다. 하라주쿠 역에서 신주쿠 역까지는 야마노테센으로 두 정거장이었다. 직선거리로 약 2킬로미

5 28만 평(약 93만 제곱미터)에 이르는 요요기 연병장은 1909년 일본 육군성이 신설한 곳으로 이듬해 도쿠가와 요시토시 육군 공병 대위가 일본 최초의 비행에 성공한 곳으로 잘 알려져 있다. 제2차 세계 대전 패전 후에는 미군 숙소, 도쿄 올림픽 선수촌 등으로 사용되다가 1967년부터 공원으로 문을 열었다. 넓은 잔디밭과 숲이 우거진 요요기 공원은 도쿄를 대표하는 공원 가운데 하나다.

터 정도이지만 도로를 따라 걸을 경우 약간 돌아가기 때문에 30분 정도 걸어야 했다. 그런데 하라주쿠 역에서 신주쿠 역으로 가는 길은 천황의 관병식 이동로와 다른 방향이었다.

'혹시 도쿄 시내 지도를 보면 알 수 있지 않을까?'

이봉창은 신주쿠 역 구내매점에서 도쿄 시내 지도 한 장을 샀다. 하지만 일반 지도로는 관병식 날 천황의 이동로를 알 수 없었다. 그렇다고 길 가는 사람에게 물을 수도 없었다.

'오늘 알아내지 못하더라도 관병식 날이 되면 어떤 식으로든지 알 수 있겠지.'

이봉창은 신주쿠 역에서 야마노테센을 타고 우에노 역으로 돌아왔다. 아사쿠사에서 영화를 보고 여관으로 갔다. 기다리던 김구의 회신은 오지 않았다. 이봉창은 김구가 회답을 안 하기로 한 것이라고 단정하고 숙소를 옮기기로 했다. 여관 주인한테는 기다리던 전보가 오지 않아 고향인 오사카로 돌아가서 편지한다고 둘러댔다.

오후 4시 30분쯤 이봉창은 아사히 호텔로 숙소를 옮겼다. 아사히 호텔도 오와리야 여관과 마찬가지로 기차표에 실린 광고에서 본 숙소 가운데 하나였다. 숙박부에는 오사카에 사는 비누상 아사야마 쇼이치라고 적었다. 지금까지 쓰던 기노시타 쇼조라는 이름을 쓰면 자신의 행적이 들통날지도 모른다고 생각해서 새로운 가명을 쓴 것이다.

'수류탄은 어떻게 갖고 가지?'

고민하던 이봉창은 한 가지 방법을 생각해 냈다. 엿 상자를 사서 수류탄을 그 안에 넣고 보자기로 싸서 들고 가면 아무도 모를 것이라고 생각했다. 이봉창은 수류탄을 꺼내 자로 크기를 재서 종이에 적고 호텔을 나와 우에노 역으로 갔다. 우에노 역 앞 식당에서 간단히 저녁을 먹고 나서 엿 가게로 가서 엿이 든 종이 상자 두 개를 샀다.

호텔로 돌아오기 전에 이봉창은 오와리야 여관에 묵는 동안 틈틈이 써 오던 수기를 우에노 역 쓰레기통에 버렸다. 그는 어떤 식으로든 자신의 기록을 남기고 싶었지만 막상 70퍼센트 가까이 쓰고 나자 그런 것을 남기는 것이 부질없다는 생각이 들었다. 쓰레기통에 버려진 수기는 다시 발견되지 않았다.

이봉창은 엿이 든 종이 상자를 호텔 방에 놓아두고 저녁 7시쯤 다시 호텔을 나왔다. 호텔 근처의 유곽으로 가서 여자를 사서 한 시간가량 놀았다. 다시 숙소 근처의 카페에 가서 오전 1시경까지 놀다 호텔로 돌아왔다.[6]

1월 7일

거사 하루 전. 이봉창은 오전 10시가 되어서야 일어났다. 오전에는 오와리야 여관 뒤편에 있는 골프장에 가서 한 시간가량 놀고, 오후에는 마작구락부에 가서 2시 30분까지 놀다가 건너편 음식점에서 식사를 했다. 이것이 이봉창의 재판 기록에서 확인할 수 있는 거사 하루 전의 행적이다. 긴장을 풀려고 편하게 하루를 보냈을 뿐 마음이 흔들리거나 거사를 포기하려고 한 흔적은 보이지 않는다.

오후 5시 30분쯤 호텔로 돌아온 이봉창은 곧바로 짐 정리를 했다.

6 단국대학교 동양학연구소 편, 〈제3회 신문조서〉, 앞의 책, 408쪽.

필요하지 않은 물건들을 정리하여 바스켓과 트렁크에 넣고, 엿이 든 보자기 상자를 풀어 엿을 꺼내고는 그 안에 종이로 싼 수류탄 두 개를 넣고 다시 보자기로 쌌다. 그러고는 수류탄이 든 보자기를 들고 전철을 타고 가와사키 시 다마키로 유곽으로 가서 사흘 전 같이 잤던 시즈에라는 창녀와 함께 잤다.[7]

관병식을 앞두고 도쿄 시내는 경비가 삼엄했다. 경시청은 2000명의 제복 부대를 동원하여 천황이 행차하는 도로와 회장 주변을 경위하도록 하고, 83명의 사복형사대로 행차 부근의 의심스러운 인물을 검색하게 했다. 관병식 하루 전날 밤부터는 각 치안 기관에서 도쿄 시내의 모든 여관과 음식점, 유곽 등 일반인들이 출입하고 잠복할 수 있는 장소는 말할 것도 없고, 신사나 절, 빈집까지 수색했다. 이것은 천황이 외부 나들이를 할 때마다 일반적으로 행해지는 절차였다.[8]

이처럼 삼엄한 경비 속에서 수류탄을 두 개나 가지고 시내 한복판에 묵는다는 것은 참으로 위험한 행동이었다. 검문에 걸리기만 하면 금방 체포될 것이 분명했다. 다른 한편 이봉창은 이 세상을 하직한다는 기분으로 한번 놀고 싶기도 했다.[9] 그래서 마지막 밤의 긴장을 풀 수 있는 보다 안전한 곳이 필요했던 것이다. 가와사키 유곽은 검문을 피해 몸을 숨기기도 좋았지만 하라주쿠까지 가는 교통도 편했다. 가와사키 역에서 전철을 타면 한 시간 안에 요요기 연병장 입구

7 단국대학교 동양학연구소 편, 〈제2회 신문조서〉, 〈제3회 신문조서〉, 〈제7회 신문조서〉, 〈청취서〉, 앞의 책, 391쪽, 407~411쪽, 457쪽, 538~539쪽.

8 최서면, 〈이봉창 의거 연구서설〉, 《이봉창 의사와 한국 독립 운동》, 32쪽.

9 단국대학교 동양학연구소 편, 〈제3회 신문조서〉, 앞의 책, 410쪽.

인 하라주쿠 역까지 갈 수 있었다.

그날 밤 이봉창은 잠이 오지 않았다. 밤 12시쯤 수류탄을 싼 종이 상자를 들고 다마키로를 나와 근처 술집으로 들어갔다. 혼자 술을 마시고 있을 때 과자 파는 소녀가 술집 안으로 들어왔다.

"과자 사세요."

소녀가 이봉창 앞에 과자를 내밀었다. 소녀가 측은해서 물었다.

"고향이 어디니?"

"몰라요."

소녀는 뜻밖에도 조선인이었다. 이봉창은 문득 집안 형편이 어려워 보통학교만 졸업하고 곧바로 과자점 점원으로 취직해서 일하던 옛날 일이 떠올랐다. 이봉창의 나이 열다섯 때였다. 이봉창이 다시 물었다.

"태어난 곳도 몰라?"

"어렸을 때 고향을 떠나 기억이 없어요."

소녀는 수줍은 듯 모기 소리만큼 작은 목소리로 말했다.

"부모의 고향쯤은 알아야 하지 않겠니."

"……."

소녀는 고개를 숙이고 손에 든 과자만 만지작거렸다. 이봉창은 더 이상 묻지 않고 소녀에게 돈을 내밀었다. 유곽에서 묵는 돈의 반이나 되는 큰돈이었다. 소녀는 받아도 되는지 몰라 망설였다.

"그냥 받아도 돼."

"고맙습니다."

소녀가 이봉창에게 과자를 내밀었으나 이봉창은 받지 않았다. 소녀가 다시 뭐라고 말했지만 이봉창은 아무 말도 하지 않았다.

'이것이 내가 이승에서 베풀 수 있는 마지막 온정이다.'

가여운 동포 소녀의 모습을 보면서 이봉창은 자신이 택한 길이 옳다는 것을 확신했다. 자신의 희생으로 빼앗긴 나라를 되찾을 수만 있다면 조선의 어린 소녀들이 추운 겨울에 만리타국에서 과자를 파는 불행한 일은 더 이상 없을 것이다. 천황 폭살을 선택한 이봉창의 간절한 소망이었다.

오전 1시 30분쯤 이봉창은 시즈에에게 줄 다이후쿠 떡(찹쌀떡 안에 팥소를 넣은 일본 전통 떡)을 사가지고 다마키로로 돌아왔다.[10] 이봉창은 수류탄이 든 보따리를 머리맡에 두고 잠자리에 들었다.

"무슨 보따리예요?"

호기심에 시즈에가 물었다.

"그런 것은 알 것 없다. 내일 아침에 비가 오면 천천히 깨워도 되지만 날씨가 맑으면 7시에 꼭 깨워야 한다."

비가 오면 관병식이 취소되기 때문에 천천히 일어나도 되지만 날씨가 좋으면 거사를 결행해야 하기 때문에 시간에 늦지 않도록 부탁했던 것이다.[11]

다음 날 아침 날씨는 맑았고, 시즈에는 약속대로 이봉창을 깨웠다.

10 최서면, 〈이봉창 의거 연구서설〉, 《이봉창 의사와 한국 독립 운동》, 23쪽.

11 단국대학교 동양학연구소 편, 〈제3회 신문조서〉, 앞의 책, 410쪽.

의혹과 진실

수류탄을 던진 직후 이봉창의 행동은 어떠했을까? 독자들이 상상하는, 그리고 우리에게 익숙한 이봉창의 모습은 이런 것이 아니었을까.

> 1월 8일에 사쿠라다 문 앞에서 자기 손으로 던진 작탄(수류탄)이 폭발하는 것을 본 이의사는 현장에서 가슴에 품었던 국기(태극기)를 (휘)두르며 '대한 독립 만세'를 삼창했다.[1]

이 글은 이봉창의 행적을 세상에 처음으로 알린 김구가 쓴 〈동경작안의 진상〉에 적힌 의거 직후의 이봉창의 모습이다. 해방 후 출간된

1 김구, 〈동경작안의 진상〉, 《이봉창 의사와 한국 독립 운동》, 194쪽.

《도왜실기》 한국본에는 당시의 상황이 더 극적으로 묘사되어 있다.

> 1월 8일에 사쿠라다 문 앞에서 자기 손으로 폭탄을 던진 이의사는 일본 임금의 가슴을 서늘케 하고 적의 군중이 놀라 아우성칠 때 그 자리에서 가슴속으로부터 태극기를 꺼내 들고 바람에 맞추어 뒤흔들며 소리 높이 '대한 독립 만세!'를 세 번 부르고 조용히 놈들의 체포를 받고…….[2]

1990년대 중반 이봉창의 재판 기록이 공개되기 전까지는 《동경작안의 진상》에 서술된 내용이 도쿄 의거 당시의 상황을 알려 주는 유일한 기록이었다. 그러나 《동경작안의 진상》에 기록된 내용은 김구에 의해 만들어진 영웅 이봉창의 상상의 모습일 뿐이다. 의심나는 몇 가지 문제를 구체적으로 확인해 보자.

우선 사건 당시 이봉창은 태극기를 가지고 있지 않았다. 천황 폭살을 모의하면서 김구는 이봉창에게 필요한 준비물을 직접 챙겨 주었는데, 태극기에 관한 언급은 없었다. 태극기 앞에 서서 선서문을 목에 걸고 수류탄을 양손에 들고서 찍은 사진을 이봉창에게 주고 그것으로 의거의 뜻을 세상에 알리려고 했을 따름이다. 이봉창이 의거의 뜻을 세상에 알릴 수 있는 별도의 문건이 필요하지 않겠느냐고 했을 때도 김구는 그것만으로 충분하다고 이야기했다. 그리고 이봉창이 체포된 뒤에 증거품으로 압수된 물품 목록에도 태극기는 없

2 백범사상연구소 주해, 《도왜실기》, 사상사, 1974, 72쪽.

었다.

그렇다면 사건 당시의 진실은 무엇인가? 의혹을 풀기 위해 이봉창이 수류탄을 던진 직후의 상황으로 다시 돌아가 보자.

'내가 해냈구나.'

요란한 폭발 소리를 듣고 이봉창은 거사가 성공했다고 생각했다. 상하이를 떠나기 전 김구는 수류탄이 폭발하면 주위 6, 7간(약 11~13미터) 안에 있는 것들은 모두 산산조각이 날 거라고 말했다. 그러나 폭발 소리만 요란했지 수류탄의 위력은 약했다. 이봉창은 참관자들이 흩어지는 틈을 타서 왼쪽으로 대여섯 걸음 물러나 상황을 살펴보았다. 수류탄 파편이 튀어 마차 밑바닥과 바퀴 타이어가 파손되고 근위병들이 타고 있던 말이 약간의 상처를 입었을 뿐 다친 사람은 없었다. 두 번째 마차 뒤에서 깃발을 들고 가던 기병이 탄 말의 가슴과 그 뒤를 따르던 근위병이 타고 있던 말의 코에 파편이 튀어 약간의 출혈이 있었지만 달리는 데는 지장이 없었다. 혼란을 뒤로한 채 앞서 가던 천황의 마차는 5분 뒤에 궁성으로 들어갔다.

"실패했구나!"

이봉창은 당황했다. 순간 머리가 멍해져 어떻게 할지를 몰라 그 자리에 우두커니 서 있었다. 바로 그때였다. 주위에서 경비를 서고 있던 혼다 쓰네요시라는 일본 순사가 얼결에 이봉창의 뒤쪽에 서 있던 반코트를 입은 쉰 살쯤의 남자를 체포했다. 경비를 서던 일본 경찰들은 요란한 폭발 소리와 군중의 고함에 놀라 누가 폭탄을 던졌는지 알지 못했다.

"범인은 내가 아니라 저 사람이다."

그 남자는 억울하다는 듯 손가락으로 이봉창을 가리키며 소리쳤다. 그 모습을 본 이봉창은 자신도 모르게 외쳤다.

"그 사람이 아니라 나다!"

그것은 그야말로 무의식적인 행동이었다. 만약 이봉창이 모른 척하고 그 자리를 그냥 빠져나갔더라면 살 수도 있었을 것이다. 그런데도 이봉창은 굳이 자신이 범인이라고 당당히 외쳤다. 왜 그랬을까? 이봉창은 자신이 한 일을 다른 사람에게 씌우는 것은 나쁜 일이라고 생각했다.[3] 그것은 천황 폭살을 결심한 대의에도 맞지 않았다.

이봉창의 말에 깜짝 놀란 혼다 순사는 붙들었던 남자를 놓아 주었다. 이봉창이 저항하지 않고 순순히 체포에 응했지만, 혼다 순사를 비롯하여 근처에 있던 이시모리 이사오 경시청 수사2과장, 야마모토 순사, 그리고 두 명의 헌병 등 모두 다섯 명이 한꺼번에 이봉창에게 달려들었다.

"비겁하게 도망가지 않을 테니 난폭하게 다루지 마라."

이봉창의 외침은 아무 소용이 없었다. 경찰의 거친 행동으로 이봉창이 입고 있던 코트의 단추들이 떨어져 나갔다. 현장에서 체포된 이봉창은 곧바로 경시청으로 연행되었다. 이봉창은 체포될 때까지만 해도 두 번째 마차에 천황이 타고 있다고 생각했다. 경시청에 연행되어 그곳에서 신문 〈호외〉를 보고서야 두 번째 마차에 궁내부 대신이 타고 있었다는 사실을 알았다.[4]

3 단국대학교 동양학연구소 편, 〈공판조서〉, 앞의 책, 501쪽.

이때 이봉창은 수류탄의 성능을 실험하지 않은 것을 후회했다. 상하이에서 이봉창은 김구에게 거사의 성패를 좌우하는 수류탄의 성능을 실험하자고 했으나 김구가 수류탄의 성능을 장담하면서 실험할 필요가 없다고 했다. 수류탄이 제대로 터지지 못해 거사가 실패했다고 생각하자 김구가 원망스러웠다.[5]

수류탄이 제대로 터지지 않아 실패한 것은 이봉창만이 아니었다. 앞서 이야기했듯이, 이봉창보다 8년 전에 궁성 앞의 이중교에 수류탄을 던졌다가 실패한 김지섭의 경우도 마찬가지였다. 김지섭은 1924년 1월 5일 저녁 7시 20분경에 수류탄을 던질 적당한 장소를 물색하기 위해 관광객으로 꾸미고 이중교 근처를 서성이다가 순찰 중이던 경찰의 불심검문에 걸렸다. 상황이 다급해지자 김지섭은 경찰을 향해 첫 번째 수류탄을 던졌으나 터지지 않았다. 김지섭은 앞을 막아서는 경찰을 떠밀고 이중교 쪽으로 도망가다가 이번에는 다리 쪽을 지키고 있던 보초병들을 향해 나머지 두 개의 수류탄을 던졌다. 그러나 불행하게도 두 개의 수류탄도 터지지 않고 이중교 중앙에서 데굴데굴 굴렀다. 결국 김지섭은 지니고 있던 세 개의 수류탄을 모두 던졌으나 하나도 제대로 터지지 않아 실패했다.[6] 왜 수류탄이 터지지 않았을까? 김지섭은 재판정에서 수류탄의 성능과 그것

4 단국대학교 동양학연구소 편, 〈제2회 신문조서〉, 〈제3회 신문조서〉, 〈청취서〉, 앞의 책, 389~392쪽, 411~413쪽, 539~541쪽.

5 단국대학교 동양학연구소 편, 〈제3회 신문조서〉, 앞의 책, 414쪽.

6 〈시사신보〉 1924년 4월 24일자 〈호외〉; 〈조선일보〉 1924년 4월 24일자 〈호외〉.

이 터지지 않은 이유에 대해 다음과 같이 말했다.

> 내가 가지고 온 폭탄은 결코 불완전한 것이 아니다. 그 폭탄이 잘 폭발되고 안 되는 것은 내 목적의 성공과 실패를 좌우하는 것이다. 따라서 내 생명의 전부라고도 할 수 있다. 그러므로 기계 장치 등이 완전히 구비되어 있음은 물론이고, 더욱이 상하이에서 실험까지 해 보고 가지고 왔으므로 폭발하지 않을 것이라고는 전혀 의심하지 않았다. 배 안에서 습기가 들어 바로 닦아 내기는 했지만 혹시 그것이 부작용을 일으켰는지도 모른다.[7]

김지섭은 최후 진술에서도 습기 때문에 결국 폭발되지는 않았으나 처음부터 수류탄의 성능에 대해서는 완벽한 것으로 믿고 있었다고 말했다.[8] 일본 육군 기술부의 감정 결과에 따르면, 김지섭이 던진 수류탄은 크기가 3촌(약 9센티미터) 정도의 수류탄으로 25미터 떨어진 거리에 있는 사람과 말도 죽일 수 있는 정교한 것이었다. 그런데도 폭발하지 않은 이유는 무엇일까? 첫 번째 수류탄은 오랫동안 지하에 보관된 탓에 습기가 들어가 뇌관으로 통하는 도화선이 작동되지 않았기 때문이다. 그러나 두 번째와 세 번째 수류탄은 당황한 나머지 미처 안전핀을 뽑지 않고 던졌기 때문에 터지지 않았다.[9] 결국 세 개 중 한 개는 관리를 소홀히 한 탓에 터지지 않았지만, 나머지

7 독립운동사편찬위원회 편, 《독립운동사 자료집》 11 — 의열투쟁사 자료집, 1976, 294쪽.
8 독립운동사편찬위원회 편, 위의 책, 299쪽.
9 〈시사신보〉 1924년 4월 24일자 〈호외〉.

두 개는 안전핀만 뽑고 던졌더라면 폭발했을 것이다.

그렇다면 이봉창이 던진 수류탄은 왜 폭발하지 않았을까? 김지섭의 경우처럼 습기 때문에 폭발하지 않은 걸까? 이봉창의 경우 수류탄이 왜 터지지 않았는지를 정확히 밝혀 주는 자료는 없지만, 우편선 3등 객실의 트렁크 안에 수류탄을 보관했고, 관리에도 최선을 다했기 때문에 수류탄에 습기가 찼을 가능성은 희박하다. 결국 상하이에서 수류탄의 성능을 실험하지 않았던 점을 고려할 때 제작 과정에 문제가 있는 불발탄이었을 가능성이 높다.

수류탄이 제대로 터졌으면 천황 폭살에 성공할 수 있었을까? 거사 당일인 1월 8일 오후 2시 35분부터 오후 4시 25분까지 실시된 현장 검증에 따르면, 이봉창이 수류탄을 던졌을 때 천황의 행렬은 왼쪽의 경시청 건물을 끼고 남쪽에서 북쪽으로 이동하여 경시청 앞의 사쿠라다 문 전차 정류장 안전지대를 지나가고 있었다. 이봉창이 폭탄을 던진 지점으로부터 남쪽으로 18간(약 33미터) 떨어진 거리다.[10] 천황이 탄 마차는 김구가 말한 수류탄의 위력 범위인 6, 7간(약 11~13미터)을 훨씬 벗어나 있었다. 수류탄이 제대로 터졌더라도 천황을 폭살하기에는 너무 먼 거리였다.

거사 당시 이봉창이 가지고 있던 수류탄은 두 개였다. 상하이를 떠나기 전 김구는 이봉창에게 수류탄을 두 개 주면서 하나는 천황 폭살용으로 쓰고 다른 하나는 자살용으로 쓰라고 말했다. 그런데 사

10 단국대학교 동양학연구소 편, 〈검증조서〉, 앞의 책, 479쪽.

건 현장에서 이봉창은 수류탄을 한 발만 던졌다. 그렇다면 또 하나의 수류탄은 어떻게 되었을까? 나머지 한 발의 수류탄의 행방에 대해서는 〈제2회 신문조서〉에서 예심 판사와 이봉창 사이에 오간 다음과 같은 문답이 참고가 된다.

"그곳에서 바로 왼쪽 주머니에 넣어 둔 폭탄을 다시 던지려고 하지는 않았는가?"

"그때는 웬일인지 머리가 멍해져서 두 번째 폭탄을 던져야 한다는 것을 잊고 말았습니다."

이봉창은 상하이에서 폭탄 투척 연습을 한 적이 없는, '아마추어' 독립운동가이자 평범한 노동자였다.

그런데 일본 경찰은 경시청에 도착할 때까지도 이봉창의 호주머니 속에 또 하나의 수류탄이 들어 있다는 사실을 몰랐다. 일본 경찰은 사건 현장에서뿐만 아니라 연행 과정에서도 이봉창의 몸수색을 제대로 하지 않았다. 그러나 사건 당시 이러한 사실은 철저하게 은폐되었다. 오히려 일본 경시청은 이봉창을 체포한 다섯 명의 경찰과 헌병 들이 현장에서 대단한 활약을 한 것으로 선전했다. 그들은 이봉창이 또 하나의 수류탄을 던지려는 순간 달려들어 두 번째 투척을 막았다고 거짓 사실을 꾸며 발표했다. 조작된 사실로 그들은 포상을 받고 순식간에 영웅이 되었다.

그렇다면 수류탄은 어떻게 발견되었을까? 이봉창은 〈공판조서〉에서 경시청에 연행된 뒤에 스스로 주머니 속에서 수류탄을 꺼냈다고 말했다.[11]

"범인을 경시청에 연행한 뒤에 몸수색을 할 때 수류탄이 하나 더 있다는 사실을 알았습니다."

예심 판사의 질문에 사건 현장에서 이봉창을 체포한 경시청 경시 이시모리 수사과장이 한 답변이다. 이시모리 수사과장은 자신도 모르게 체포 당시 현장에서 몸수색을 하지 않았다는 사실을 시인했다. 이 사실을 간파한 예심 판사가 다시 물었다.

"그렇다면 왜 현장에서 수류탄을 빼앗지 못했는가?"

말문이 막힌 이시모리 수사과장은 그때서야 솔직히 고백했다.

"범인을 본 순간 너무 놀라서 미처 그 생각을 못했습니다."

수사 책임자로서 참으로 부끄러운 답변이다. 그러나 수류탄을 일본 경찰에 넘겨준 이봉창의 행동과 이시모리 수사과장의 부끄러운 행동은 이봉창의 재판 기록이 공개될 때까지 세상에 알려지지 않았다. 일본 경찰은 이 사실을 철저하게 비밀에 부쳤다. 사건이 발생한 지 30년 뒤인 1962년에 발간된 경시청의 공식 역사서인《경시청사》에 다음과 같이 날조하여 기록하고 있다.

> 오전 11시 44분경이었다. 도라노 문 방면에서 사쿠라다 문을 향해 진행 중이던 천황의 행렬이 경시청 정면 현관의 바로 옆을 지나려 할 때 궁내부 대신이 탄 제2의 마차에서 가까운 전차 궤도상에서 돌연 호연한 폭음 소리와 함께 폭탄이 작렬했다. 다행히 마차에 작은 손상이 있었을 뿐, 차 안의 궁내부 대신이나 마부도 무사했으나 폭음에 놀란 말이 뛰는 바람에 순간 천황의 행렬이 혼란해지는 사태가 일어났다. 이

11 단국대학교 동양학연구소 편, 〈공판조서〉, 앞의 책, 501쪽.

> 때 천황의 행렬을 구경하기 위해 길가에 정열하고 있던 다수의 시민들 뒤쪽에서 제2마차의 후방 약 30미터 떨어져 있는 곳에 있던 천황의 마차에 제2의 폭탄을 던지려는 30세가량의 학생복의 남자가 있었다. 현장 부근에서 배관하고 있던 경시청 수사2과장 이시모리 이사오 경시, 혼다 쓰네요시 순사, 야마모토 순사 등이 이를 발견, 즉각 뛰어가 현장을 경계 중이던 헌병과 함께 덮쳐서 가까스로 위해를 조치할 수가 있었다.[12]

이봉창이 스스로 경찰에 건네준 두 번째 수류탄을 가지고 마치 자기들이 현장에서 먼저 막아 낸 것처럼 꾸민 것이다.

체포된 이봉창은 경시청으로 연행되어 외부와의 연락이 일체 차단된 채 도쿄 지방 재판소 검사의 취조를 받았다. 취조를 끝낸 검찰은 사건 보고서를 작성하자마자 이봉창을 형법 제73조의 '대역죄'에 따라 최고 재판소인 대심원에 예심을 청구했다. 대역죄란 국가나 사회의 질서를 어지럽히는 일을 저지른 죄로서, 천황이나 황후, 황태자에게 위해를 가한 행위뿐만 아니라 모의나 계획과 같은 예비 행위에 대해서도 사형에 처할 수 있었다. 대역죄는 일본이 메이지 유신으로 천황제를 부활하면서 천황제 국가의 상징성을 강조하고 유지하기 위해 1908년에 새로 제정되었다. 이 죄목으로 처벌을 받는 사람은

12 경시청사편찬위원회, 《경시청사》, 1962, 245쪽; 최서면, 〈이봉창 의거 연구서설〉, 《이봉창 의사와 한국 독립 운동》, 40~41쪽.

대심원의 1심으로 바로 사형을 구형받고 항소도 할 수 없었다. 변호사도 형식뿐인 관선이고, 사건의 내용이 알려지는 것을 막기 위해 재판도 비공개로 진행되었다. 결국 대역죄로 대심원에 회부되었다는 것은 죄의 경중에 관계없이 무조건 사형을 의미했다.

1947년의 신헌법 제정과 형법 개정으로 삭제될 때까지 대역죄로 재판을 받은 사건은 모두 네 건뿐이었다. 1910년의 고토쿠 슈스이 사건, 1923년의 박열과 가네코 후미코 사건과 난바 다이스케 사건, 그리고 1932년의 이봉창 사건이다.

다른 대역죄 재판의 변호사가 "재판은 한 사람의 증인도 없이, 심리는 경마가 달리듯 서둘렀다."라고 회고한 것처럼, 이봉창의 재판은 단 한 사람의 증인도 없이 일사천리로 진행되었다. 공판은 단 두 번뿐이었는데, 이봉창은 9월 16일의 구형 공판과 9월 30일의 선고 공판에서 모두 사형을 판결받았다. 사형 선고를 받고 집행을 기다리는 동안 이봉창은 매일 염주를 만지면서 조용히 재판에 응했다.

30일의 선고 공판은 처음으로 공개로 진행되었다. 그날 비가 내린 가운데 많은 방청객이 재판을 보기 위해 아침 일찍부터 재판소로 몰려들었다. 재판소 안팎에서는 경시청 경찰관 200명과 헌병 50명 등 모두 250명의 군경이 삼엄한 경비를 섰다. 이날 이봉창은 태도나 얼굴 표정에 아무런 변화도 없이 순순히 재판에 응했다. 이봉창은 사형 판결을 받은 지 불과 열흘 만인 10월 10일 도쿄 이치가야 형무소에서 극비리에 사형되었다. 이봉창의 유해는 사이타마 현 우라와 시의 우라와 형무소 묘지에 묻혔다가 해방 후 김구의 주선으로 1946년 7월 초에 효창원에 안치되었다.

이봉창의 힘

1932년 1월 8일, 궁성으로 돌아간 히로히토가 점심을 막 끝내자, 시종장 스즈키 간타로 대장이 허리를 굽히고서 오늘 있었던 일을 보고했다.

"폐하, 오늘은 죄송합니다. 범인은 조선인으로 이봉창이라는 자입니다."

시종장의 말을 듣고 히로히토는 길게 탄식했다.

"아! 그는 독립 당원이겠지!"[1]

그날 오후 5시 12분, 이누카이 쓰요시 총리대신은 사건의 책임을 지고 내각 총 사직서를 제출했다. 그러나 히로히토는 시국이 중대하다는 이유로 이누카이 내각의 사직서를 반려했다. 이누카이 내각은

1 최서면, 〈이봉창 의거 연구서설〉, 《이봉창 의사와 한국 독립 운동》, 37쪽.

제2차 와카쓰키 레이지로 내각이 만주 사변으로 여덟 달 만에 물러나고 들어선 지 한 달밖에 되지 않았다. 그런 상황에서 또다시 내각이 총 사직하게 되면 일본 국민들의 불안이 더 가중될 수도 있었다.[2] 결국 야당의 거센 비판에도 불구하고 이누카이 내각은 가까스로 유임되었으나 치안 책임자들에 대한 문책은 준엄했다. 치안 총책임자인 경시총감은 징계 면직 처분되고, 사건 현장 담당 경찰서인 고지마치 구 경찰서장, 경보국장, 경시청 관방주사, 경무과장, 특고과장, 감찰관 등이 줄줄이 감봉 처분을 받았다. 그런가 하면 헌병 사령관, 도쿄 헌병 대장 등과 사건 현장에서 이봉창 체포에 공을 세운 것으로 잘못 알려져 포상을 받은 고지마치 헌병 분대 군조軍曹 우치다 잇베이와 상등병 가와이 요시 등도 징계 처분을 받았다. 이봉창이 상하이를 출발해 고베를 거쳐 도쿄로 가는 길에 거쳐 간 효고 현, 오사카, 가나가와 현의 지사들도 견책 처분을 받았다.[3]

이봉창 의거는 일본 사회를 경악케 했다. 이봉창이 던진 폭탄 한 발은 1931년 9월 만주 침략을 감행하여 오만해진 일본 제국주의가 신년 관병식을 통해 무력적 위엄을 대내외에 과시하고자 한 '잔칫집'에 재를 뿌린 격이었다.[4] 살아 있는 신으로 추앙받던 천황을 향해, 그것도 많은 군중이 보는 앞에서 식민지 청년이 천황을 죽일 목적으

2 최서면, 〈이봉창의 의거 연구서설〉, 《이봉창 의사와 한국 독립 운동》, 36쪽; 홍인근, 앞의 책, 230쪽.
3 홍인근, 앞의 책, 232~234쪽.
4 김용달, 〈이봉창 의거에 대한 한·중·일의 반향〉, 《이봉창 의사와 한국 독립 운동》, 140쪽.

로 폭탄을 던졌다는 사실은 일본으로서는 충격적인 일이 아닐 수 없었다. 그것은 그동안 내선일체를 강조하며 조선인들이 일본의 식민 통치를 즐겨 받고 있다고 선전해 온 일본의 식민 정책이 실패했음을 보여 주는 명백한 증거였다. 이봉창의 의거가 일어난 직후 블라디보스토크 방송국을 비롯해 하얼빈 방송국 등은 이봉창의 의거를 "일본 제국의 지위와 그 신성한 권위에 대해 누구나 믿지 않는다고 하는 명료한 증거"라는 내용의 방송을 계속해서 내보냈다.[5]

이봉창의 천황 폭살 미수 사건이 언론에 보도되면서 일본과 국내 언론의 관심은 두 가지로 갈라졌다. 일본의 주요 신문들이 의거가 있던 바로 그날 오후에 일제히 〈호외〉로 이 사실을 보도했다는 것은 일본이 이 사건에 얼마나 놀라고 당황했는지를 잘 보여 준다. 신문의 논조가 약속이나 한 듯이 일제히 천황의 안위에 집중되었다는 것은, 천황이 변을 당했을 경우를 얼마나 두려워하고 있었는지를 잘 보여 주는 역설적인 증거다. 일본 언론들은 천황의 안위와 내각 총사직, 책임자 처벌 등 이 사건의 충격으로 인한 일본의 정치적 상황 변화에만 신경을 썼다.[6] 이봉창의 신분에 대해서는 범인이 현장에서 즉시 체포되었다는 사실만 간단히 보도했을 뿐, 처음부터 관심이 없었다.

그러나 조선 신문들의 관심은 달랐다.

'천황 폭살을 기도한 사람이 도대체 누구일까?'

5 김용달, 〈이봉창의 일왕 저격 의거와 반향〉, 《한국독립운동의 인물과 노선》, 190쪽.

6 김용달, 〈이봉창 의거에 대한 한·중·일의 반향〉, 앞의 책, 140~142쪽.

이것이 일본의 식민 지배에 숨죽여 지내던 조선 백성들이 가장 알고 싶은 궁금증이었을 것이다. 하지만 조선 총독부의 검열이 발목을 잡았다. 이봉창의 신분에 대해 상세히 밝히고 싶어도 그럴 수가 없었다. 결국 할 수 있는 일이란 조선 총독부의 검열을 피하면서 조선 사람들이 궁금해하는 알 권리를 보도하는 방법이었다. 국내의 신문들은 일본 내무성의 공식 발표를 '도쿄 전보'의 형식으로 보도하면서도, 하나같이 '범인은 경성 출생의 이봉창'이라는 사실을 기사의 제목으로 뽑을 정도로, 범인이 조선인이라는 사실을 은근히 강조했다. 특히 〈중앙일보〉는 '사진은 이봉창이 살던 집'이라는 제목으로 이례적으로 이봉창이 일본으로 떠나기 전에 살았던 용산의 집을 찍은 사진을 실었다. 이때까지만 하더라도 이봉창의 사진이 아직 공개되지 않았기 때문에 궁여지책으로 이봉창이 살던 집을 사진으로 보여 준 것이다. 이봉창의 인적 사항에 대해서는 출생지와 가족 관계, 서울에서 일본인 과자점 직공과 용산역 전철수로 일하던 시절, 그리고 일본으로 간 뒤의 노동 행적 등을 간략히 보고하는 정도였다. 이봉창이란 존재가 언론을 통해 대중에게 알려진 첫 계기였다.

이봉창 의거에 누구보다 놀란 사람들은 친일파들이었다. 마치 약속이나 한 듯이 조선과 일본에 있던 대표적인 친일파들이 신속하게 움직였다. 친일파 단체인 상애회의 중심인물인 박춘금은 이봉창 의거가 있던 바로 그날 오후에 궁내성을 비롯해서 일본 고위층을 방문하여 사과를 올렸다.

"불경한 범인이 조선인이라서 송구스럽습니다."

박춘금은 다음 날 아침 일찍 상애회 회원 120명을 이끌고 궁성 입구인 이중교 앞으로 갔다. 졸개들을 다리 앞에 줄 세워 놓고 "우리 동포 가운데 이와 같은 불령자가 나온 것에 대해 폐하에게 충심으로 사과의 말씀을 올립니다."라고 사과의 절을 올렸다. 2년 전 갈 곳이 없어 박춘금이 주도하는 상애회의 무료 숙박 시설에 잠시 의탁한 이봉창이 이 사실을 알았다면 뭐라고 했을까?

동민회라는 친일파 단체는 1월 9일 낮에 서울의 요정 식도원에서 모임을 갖고 이봉창의 의거에 대해 일본 당국에 사죄하기 위한 방안을 논의했다. 이날 신석린·박영철·한상룡 등 일곱 명의 조선인 유지 대표의 명의로 일본 총리대신 등 일본 고관들과 조선 총독에게 다음과 같은 내용의 전보를 보내기로 결정했다.

"어제 갑자기 발생한 불경 사건에 대해 매우 송구한 마음을 어찌할 바 모르겠으며 적성赤誠으로써 근신의 뜻을 올립니다."

적성은 마음에서 우러나오는 참된 정성을 말한다. 이봉창의 선서문에도 나와 있는 구절이다. 이봉창은 김구 앞에서 한인애국단 입단 선서식을 할 때 '적성으로써 적국의 수괴를 도륙할 것'을 맹세했다. 전혀 반대로 쓰인 적성이라는 단어의 뜻, 이것이 역사의 아이러니가 아닐까.

이들의 활동은 여기서 멈추지 않았다. 조선 총독부와 일본 군사령부를 방문하여 사죄의 뜻을 밝히고, 신문사를 방문하여 근신의 뜻을 표하고 있다는 요지의 기사를 게재해 줄 것을 요청하고, 1월 9일부터 12일 동안 유흥 모임에 참석하지 않겠다고 결의했다. 또한 이들은 이봉창 의거를 '광인의 추태'라고 견강부회하고, 대불경 사건의 범인이 조선인이라는 것에 유감을 표시한다는 성명서를 발표했다. 더 나아가 참회하고 근신하며 내선융화, 곧 조선과 일본이 하나로 화합되도록 노력할 것을 다짐했다.

이봉창의 소식을 누구보다 간절하게 기다린 사람은 이봉창을 도쿄에 보낸 김구였다. 김구는 도쿄 의거 다음 날인 1월 9일, 아침 중국 각 신문의 〈호외〉를 보고서야 이봉창이 계획대로 천황에게 폭탄을 던졌다는 사실을 알았다. 그러나 김구는 "이봉창이 일황을 저격했으나 불행히도 명중하지 못했다."라는 기사를 보고 적잖이 실망했다. 동지들이 김구를 위로했다.

"일황이 즉사한 것만은 못하지만 우리 한인이 일본에 동화되지 않은 것을 웅변으로 증명한 것이니, 족히 성공한 것으로 볼 수 있습니다. 지금부터 백범은 몸조심하시오."

다음 날 그동안 임시 정부를 보호해 주던 프랑스 공무국으로부터 앞으로 김구의 신변을 책임질 수 없으니 급히 피신하라는 비밀 통지가 왔다.

1월 9일, 김구는 자신이 주도하고 있던 한국독립당 명의로 이봉창 의거의 의의를 알리는 짤막한 성명서를 발표했다.

> 본당은 삼가 한국 혁명 용사 이봉창이 일본 황제를 저격하는 천둥·번개와 같은 소리로 전 세계 피압박 민족에게 새해의 행운을 준 것을 축복한다. 그리고 이와 같은 소리로 환호하며 바로 제국주의자의 아성을 향해 돌격하여 모든 폭군과 악정치의 우두머리 범죄자를 샅샅이 제거

하고 민족적 자유와 독립의 실현을 도모할 것을 바란다.

1월 10일에 다시 한국독립당 명의로 〈이봉창이 일황을 저격한 데 대한 한국독립당 선언〉을 발표하여 제국주의 일본의 죄상을 폭로하고 이봉창이 천황을 죽일 수밖에 없는 이유를 통쾌하게 밝혔다. 김구가 단장으로 있던 상하이 교민단도 1월 11일자로 발행된 기관지 〈상해한문〉에서 '이봉창 의사의 쾌거'라는 제목으로 도쿄 의거의 상황과 이봉창의 약력을 보도했다.

만주 사변으로 반일 감정이 고조되고 있던 상황에서 중국의 신문들은 연일 이봉창 의거를 머릿기사로 크게 보도했다. 중국의 우호적인 반응에 화가 난 일본의 거센 항의로 이봉창 의거를 호의적으로 보도한 중국의 신문사들이 폐쇄되었다. 일본은 이를 빌미로 이봉창 의거가 일어난 지 20일 만에 갑자기 상하이를 침공했다(상하이 사변). 상하이 사변으로 시내 곳곳에서 일본군과 중국군 사이에 격렬한 전투가 벌어졌다.

비록 천황 폭살에는 실패했지만 이봉창 의거를 통해 김구와 임시 정부는 극적으로 재기에 성공했다. 한동안 임시 정부에 냉담하던 미주 동포들이 다시 뜨거운 성원을 보내기 시작했다. 김구는 이때의 상황을 "나를 아끼고 신임하는 편지가 태평양을 건너 눈송이같이 날아왔다."라고 회고했다.[7]

이봉창의 희생은 꺼져 가던 조선 청년들의 가슴에 다시 한 번 독

7 김구, 배경식 풀고 보탬, 앞의 책, 505쪽.

립운동의 불길을 지피는 중요한 계기가 되었다. 그동안 임시 정부를 외면하고 먹고살 길을 찾아 떠났던 뜻있는 청년들이 다시 김구를 찾아오기 시작했다.

"선생님, 저도 나라를 위해 이 한 몸 바쳐 무엇인가 하고 싶습니다. 저의 자격에 맞는 일감을 연구하여 써 주십시오."

도쿄 사건을 본 청년들은 김구의 머릿속에 반드시 또 다른 연구가 있을 줄 알고 그렇게 말한 것이다. 이렇게 찾아온 청년들에게 김구는 제2, 제3의 도쿄 의거의 임무를 주어 적지로 침투시켰다. 유진식과 이덕주에게는 조선 총독 암살을, 최흥식·유상근·이성원·이성발 등 네 명에게는 관동군사령관, 관동청장관, 남만철도 총재 등 만주 침략의 원흉을 폭살하라는 지시를 내리고 각각 국내와 만주로 파견했다. 그러나 불행히도 두 계획은 사전에 발각되어 실패하고 말았다.

그러던 어느 날 훙커우 공원 채소 시장에서 채소 장사를 하던 20대 중반의 한 청년이 김구를 찾아왔다.

"제가 채소 바구니를 메고 날마다 훙커우 방면으로 다니는 것은, 큰 뜻을 품고 천신만고 끝에 상하이에 온 목적을 이루기 위해서입니다. 그럭저럭 중일 전쟁도 중국의 굴욕적인 태도로 정전 협정이 성립될 모양이니, 아무리 생각해도 죽을 만한 마땅한 자리를 구할 길이 없습니다. 하지만 선생님에게는 도쿄 사건과 같은 경륜이 계실 줄 믿고 찾아왔으니, 저를 믿고 지도하여 주시면 그 은혜는 죽어도 잊지 않겠습니다."

이 청년이 바로 "장부가 한번 집을 나가면 살아서는 돌아오지 않는다."라는 비장한 각오를 하고 고향을 떠나 상하이에 온 윤봉길이었다. 윤봉길의 발견, 이것이야말로 이봉창의 가장 중요한 업적이라고 할 수 있다.

그해 9월, 김구는 윤봉길 의거 이후 상하이를 떠나 피신해 있던 자싱에서 이봉창의 공판 소식을 들었다. 원래 김구는 윤봉길의 훙커우공원 의거 직후 〈홍구공원 폭탄사건의 진상〉을 발표할 때 이봉창 사건의 전말도 함께 밝히려고 했다. 당시 도쿄 폭탄 사건의 진상에 대해서는 중국인들도 큰 관심을 가지고 있었고 재미 동포들도 사건 당시에 보도가 제대로 되지 않아서 궁금해하고 있었기 때문이다. 하지만 이봉창의 재판이 남아 있어서 사건의 전말을 발표하는 시기를 늦추었다. 김구는 이봉창의 사형 판결 소식을 듣고 지금까지 미루어 왔던 도쿄 폭탄 사건의 전말을 밝힐 때가 되었다고 생각했다.

이봉창의 선고 공판이 있기 이틀 전인 9월 28일에 김구는 이봉창 사건의 진상을 밝히는 〈동경작안의 진상〉을 발표했다. '한인애국단 단장 김구' 명의로 발표된 이 글에서 김구는 이봉창의 출생에서부터 일본에서 생활한 이야기며 상하이로 건너온 뒤에 '일본 영감'이라는 소리를 들으며 거사를 준비하던 일, 그리고 드디어 단신으로 일본인들의 전송을 받으며 도쿄로 건너가서 "상품은 1월 8일에 꼭 팔릴 터이니 안심하시오."라는 전보를 보내온 일 등을 자세히 적었다.[8] 김구는 발표의 이유를 다음과 같이 설명했다.

8 홍인근, 〈동경작안의 진상〉, 앞의 책, 333~346쪽. 원문에는 제목의 眞相이 眞狀으로 표기되어 있으나 이는 착오일 것이다.

> 내가 늘 성명한 바와 같이 절박한 환경의 필요를 인식하는 특수한 경우를 제한 외에 일정한 시기까지 나는 내 사업에 대하여 절대로 침묵하기로 했다. 그러면 이에 〈동경작안의 진상〉을 발표하는 이유는 어디에 있느냐. 본월 16일에 일본 대심원에서 이의 본안에 대한 제1회 공판이 열리고 그 결과로 이의사가 미구에 이 세상을 떠나게 되는 것은 즉 본안의 진상을 영원히 몽롱한 안개 속에 감출 필요가 없을 뿐 아니라 본안에 관련된 언론으로 왜적에게 칭다오의 (국민당) 시당부가 파괴되고 상하이의 〈민국일보〉가 영구 폐간됨으로써 중국 4억 민중이 그 진상을 알고자 하는 요망이 더욱 큰 까닭이다.

성명서를 끝맺으면서 김구는 동포들에게 이봉창의 위대한 정신을 기리기 위해 그가 사형되는 날 한 끼 밥을 굶자고 제의했다.[9] 그것이 조국을 위해 자신의 목숨을 희생한 이봉창에 대한 최고의 예의라고 생각했다.

김구는 〈동경작안의 진상〉을 이봉창의 사형 집행이 있기 하루 전인 10월 9일에 중국 통신사 상하이 지부에 우편으로 발송하고, 10월 11일에 이 글을 발표하여 주기 바란다는 편지를 따로 부쳤다. 김구의 편지를 받은 중국 통신사는 13일에 〈동경작안의 진상〉을 각 신문사에 보내면서 다음과 같은 〈중국사 부언〉을 달아 중국 국민들의 항일 정신을 고취하고자 했다.

9 홍인근, 〈동경작안의 진상〉, 앞의 책, 337~346쪽.

이 성명서는 애국단 단장 김구가 최근에 원문 2부를 우송하면서 번역 발표를 의뢰한 것이니 이를 번역하여 각 신문사에 보내 우리 국민들로 하여금 분기케 하기를 바란다.

그러나 〈동경작안의 진상〉은 10월 15일자 〈신강일보〉에만 게재되었다. 〈신강일보〉는 이 〈중국사 부언〉까지 함께 실었다. 이 신문은 쑨원의 아들 쑨커가 발행하는 신문이었다. 다른 신문들은 이봉창 사건이 있고 난 직후에 칭다오의 〈민국일보〉가 일본인들의 습격을 받아 파괴되고, 뒤이어 상하이의 〈민국일보〉가 일본 총영사의 협박으로 폐간된 일을 감안하여 극도로 자제해 싣지 않았다.[10]

도쿄 사건을 계기로 이봉창을 '일본 영감'이라고 놀리던 임시 정부 주변 인물들의 태도도 크게 바뀌었다. 그들은 평소 자신들보다 덜 배우고 뒤떨어진다고 업신여기던 이봉창이 마침내 누구도 생각하지 못한 일대 쾌거를 감행하자 크게 감동했다. 일본 경찰의 감시가 삼엄한 가운데 10월 15일 오전 6시 정각, 상하이 프랑스 조계 애다아로에 있는 모 사원의 집에서 남녀 유지 36명이 비밀리에 모여 이봉창의 추도식을 거행했다. 추도식에서 '주석'으로 지칭된 사람이 다음과 같은 애절한 추도사를 낭독했다.

나는 대단히 부끄럽다. 남이 죽을 때 함께 죽지 아니하고 지금까지 살

10 국회도서관 편, 앞의 책, 753~754쪽.

아 있어 이처럼 선열의 추도회나 다니는 것이 무엇보다도 부끄러운 것이다. 이봉창으로부터(한 줄 판독 불능)……이다. 우리가 혁명의 필요를 깨닫고 또 혁명 선상으로 나온 지 그래 몇 년째인가! 우리가 이봉창과 만났을 때 스스로 생각하기를 군은 문학, 언어, 혁명 의식, 혁명 역사, 사회적 지위 등 모두가 우리보다 떨어졌고, 이봉창은 우리에 대해 반드시 선생이라고 존칭하지도 않았다. 그럼에도 이봉창은 무슨 일을 했고 우리는 무슨 일을 했는가. 한 일을 비교할 때마다 부끄러워 견딜 수가 없다. 혁명이라는 것은 원래 작은 것으로 큰 것과 겨루는 것이기 때문에 문학이라든가 언어로는 성공할 수가 없는 것이다. 아무리 의식이 풍부하고 역사가 길다고 하더라도 모험심이 없고 폭동력이 없는 사람은 혁명 희망자라 하더라도 혁명 운동가라고는 할 수 없다.

여러분! 오늘 이 식장에 온 것도 큰 모험이다. 지역이 영국 조계이기 때문에 조금 잘못하면 원수에게 체포되어 3년, 5년의 징역에 처해질 것이지만 이것에 개의하지 않고 이와 같이 모였다는 것은 실로 모험적이다. 그러나 이봉창 의사가 작탄을 휴대하고 일본의 기선과 기차를 타고 세관 검사와 경찰의 감시를 받으면서 적의 수도까지 잠입한 것은 그 대담함과 기개와 굳센 기상이 과연 어느 정도일까. 우리의 담력과 기백은 좀 더 진보하지 않으면 안 된다. 우리가 이봉창 씨의 죽음을 천백 번 추도하는 것보다 한 번 그의 유한을 성취시켜 주는 것이 영령을 위로하는 것이 되며 동지로서의 책임을 다하는 것이 된다고 생각하는 것이다.

여러분! 이 자리에서 새롭게 결심하기 바란다.[11]

당시 김구는 상하이를 떠나서 자싱에 피신해 있었으므로 여기서 말하는 '주석'은 김구가 아니었을 것이다. 이 정보를 입수하여 외무대신에게 보고한 주중 상하이 총영사는, 이날 추도식은 교민단원인 이유필 등이 주도했으며, 일반 민족주의자들을 자극하기 위해 추도회를 성대하게 거행한 듯 허구 보도를 했지만 전혀 그러한 사실이 없는 것으로 판명되었다고 보고했다.

11 단국대학교 동양학연구소 편, 〈이봉창 추도식〉, 앞의 책, 594~595쪽.

왜 천황을 죽여야 하는가?

일제 강점기 35년 동안 조선인으로서 천황 살해를 실행에 옮긴 것은 이봉창이 유일하다. 천황 암살 모의 혐의로 무기 징역을 선고받은 무정부주의자 박열은 천황제를 부정하기는 했으나 천황을 살해할 행동을 감행한 것은 아니었다. 앞에서 서술한 대로 그것은 일본 정부에 의해 조작된 사건이었다. 1924년 1월에 의열단원 김지섭이 고쿄의 이중교에 수류탄을 투척한 것은 천황 폭살을 목적으로 한 행동은 아니었다.

왜 김구와 이봉창은 천황 폭살이라는 극단적인 방법을 선택했을까? 천황을 처단한다는 것은 어떤 의미가 있을까? 박열은 재판 과정에서 천황제의 문제점을 다음과 같이 상세히 진술했다.

나는 일본에 억압을 당하고 있는 조선 민족의 한 사람으로서 일본의 천황, 황태자, 황실에 대해 참을 수 없는 증오와 반역의 마음을 처음부터 가지고 있었으며, 존경심은 추호도 가지고 있지 않았다. 일본의 천황과 황태자는 하나의 우상에 지나지 않는다. 가련한 제분기製糞機(똥을 만드는 기계)이자 희생자에 불과하다. 그들이 지나갈 때 국민들이 피하는 것을 보면 그들은 격리되어야 마땅할 전염병 환자나 페스트 보균자에 불과하며, 정욕에 굶주린 자들을 유혹하는 곱상한 사창가의 매춘부처럼 민중을 기만하고 착취하며 억압하는 권력자 계급의 간판과 하등 다를 바가 없다. 그 정체란 한심하기 짝이 없는 유령과도 같다. 물론 일본의 정치, 경제, 사회를 지지하고 있는 것은 황실이 아니라 정치가, 군벌, 자본가 들이므로 그들을 처단하는 것이 현재의 사회 제도를 전복하는 데 가장 의미가 있는 일이지만, 계몽적 선전 시대라 할 수 있는 오늘날의 일본에서 황실은 하나의 미신 위에 세워진 우상에 지나지 않는다는 것을 일본 민중에게 알리기 위해, 그리고 천황이나 황태자 같은 유령으로 인하여 일반 민중들이 얼마나 속박 받고 있는가를 자각시키기 위해서는 바로 그 제분기를 노리는 길을 택하지 않을 수 없었다. 특히 조선의 일반 민중들은 천황과 황태자가 일본의 명실상부한 실권자이며, 한 하늘 밑에서는 도저히 살 수 없는 원수로 생각하고 있으므로, 그러한 존재를 지구로부터 추방해 버리는 것은 조선의 민중들을 감격시키는 일이 될 것이며, 보다 전투적인 기분을 가지게 할 것이라는 점을 감안한다면, 이는 실로 가장 의미 있는 방법 중 하나라 할 수 있을 것이다.[1]

1 스즈키 마사유키, 류교열 옮김, 《근대 일본의 천황제》, 이산, 1998, 218~219쪽.

이봉창은 〈신문조서〉에서 자신이 천황을 죽이려 한 이유를 다음과 같이 밝혔다.

> 나는 상하이에서 조선 독립에 관해 연구하고 싶었으나 그럴 틈이 없었습니다. 따라서 연구 결과로 천황 폐하에게 위해를 가하지 않으면 안 된다는 마음을 먹게 된 것이 아니라, 이미 말씀드린 대로 일본인은 관헌까지도 우리 조선인에 대해 차별 대우를 하며 학대하고 있으므로 우리 조선인은 어떻게 해서든 조선을 독립시켜 조선인의 국가를 갖지 않으면 안 된다는 생각을 갖고 있는 터에 백정선(김구)으로부터 천황 폐하를 죽이는 것이 조선의 독립을 촉진시키는 첩경이라는 말을 듣고 과연 그렇다고 생각되어 2000만 동포를 위해 희생하여 천황 폐하를 죽이자고 결심하기에 이르렀던 것입니다.
>
> 덧붙여 말씀드리거니와 나는 천황 폐하를 죽이는 일을 결코 이봉창 한 사람이 멋대로 벌이는 난폭한 행동이 아니라 조선 민족이 전반적으로 독립을 희망하고 있기 때문에 그 민족을 대표하여 제일선의 희생자로서의 결행이라는 것을 알리고 싶었던 것입니다.[2]

이처럼 이봉창은 자신의 천황 폭살 의거는 결코 이봉창 개인의 행동이 아니라 조선 민족을 대표하여 조선의 독립을 위해 일으킨 민족 의거라고 당당하게 말했다.

김구는 이봉창 의거가 일어난 지 이틀 뒤인 1932년 1월 10일에

2 단국대학교 동양학연구소 편, 〈제7회 신문조서〉, 앞의 책, 455쪽.

한국독립당 명의로 〈이봉창이 일황을 저격한 사건에 대해〉라는 장문의 〈선언〉을 발표하여 이봉창이 일본 천황을 폭살하려 한 이유를 소상히 밝혔다. 〈선언〉은, 일본 천황은 지력·권력·위엄이 모두 부족한 하잘것없는 존재라서 본래 죽일 만한 가치도 없다고 전제한 다음, 그럼에도 불구하고 굳이 일본 천황을 죽이려는 이유를 다음과 같이 아홉 가지로 지적했다.

> 그가 원수의 자리에 있으며 온갖 죄악이 모이는 자리에 있는 것이 그 첫째요,
> 적의 무리를 사로잡으려면 먼저 그 왕을 사로잡아야 하는 것이 그 둘째요,
> 우리 조국을 위해 원수를 갚는 것이 그 셋째요,
> 천벌을 내리고 인권을 신장하는 것이 그 넷째요,
> 우방을 위해 치욕을 풀어 주기 위함이 그 다섯째요,
> 백성들이 참을 길이 없으면 무도한 임금을 주살하는 것이 그 여섯째요,
> 그들의 국체를 고쳐 우리 주권을 회복하기 위함이 그 일곱째요,
> 못된 오랑캐에게는 응당한 벌을 내리고 온 누리 사람에게는 뉘우침을 주기 위함이 그 여덟째요,
> 하늘에 순하고 사람에 응하며 천하를 고동케 하여 인류를 해방시키려 함이 그 아홉째다.

이렇게 통쾌하게 일본 천황을 죽여야 할 아홉 가지 이유를 열거한 다음에 〈선언〉은 마지막으로 이봉창 의거의 의의를 다음과 같은 말

로 마무리했다.

> 요컨대 저들 일본인들은 실로 우리 한국인의 손을 빌려서 자신의 천황을 죽이려 한 것이나 다름이 없다. 오직 이봉창 한 사람만이 이 같은 뜻을 지니고 있는 것만은 아니며 2300만의 가슴속에 다 이봉창과 같은 결의가 깃들어 있어 제2, 제3, 아니 2000만 모두가 이봉창과 같은 사람으로 될 것이다.

그런데 백범 김구 하면 이봉창과 윤봉길 의거를 떠올릴 정도로 그의 독립운동 노선이 의열 투쟁이었던 것으로 오해하는 경우가 많다. 이런 인식이 일반화된 데는 이봉창과 윤봉길 의거가 김구의 최대 공적으로 알려져 있기 때문일 것이다. 1926년 12월에 동양 척식 주식회사에 폭탄을 던지고 일본 경찰과 시가전 끝에 장렬히 전사한 나석주 의거를 지원한 적은 있었지만 그때까지만 하더라도 의열 투쟁은 김구가 추구하던 독립운동 방법론은 아니었다.

김구는 1919년 상하이 임시 정부에 몸담은 이후 주로 안창호 노선을 지지하는 실력양성론의 입장에서 활동했다. 그 대표적인 경우가 한국노병회의 창립을 주도하고, 노병회의 최고 직책인 이사장을 역임한 사실이다. 한국노병회는 당장 싸울 군대와 힘이 부족한 현실을 인정하고 장기적으로 군대를 양성할 기금을 모으는 것을 목표로 만든 단체다.

김구가 의열 투쟁에 큰 관심을 가지게 된 시기는 1930년대 초반 만주 사변을 계기로 일본이 승승장구하면서 독립의 희망이 꺼져 가던 때다. 일본과 싸울 실력을 기르거나 무장 투쟁을 하려면 최소한의 조직이나 자금이 필요했다. 하지만 그러한 최소한의 저항 수단이나 조건도 갖추지 못한 상황에서 독립운동가들이 선택할 수 있는 운동 방법론은 극히 제한적이었다. 김구는 '폭렬 행동暴烈行動'이라고 이름 붙인 극단적인 방법을 선택할 수밖에 없었던 이유를 〈동경작안의 진상〉에서 다음과 같이 밝혔다.

> 내가 조국의 자유와 민족의 해방을 위해 혁명 사업에 헌신한 지 무릇 40년에 하루라도 폭렬 행동-테로-을 잊은 적이 없다. 물론 이러한 행동으로만 우리의 혁명 사업이 전부 성공하리라고 생각하는 바는 아니지만, 참담한 사선에 처한 우리로서 최소의 역량으로 최대의 효과를 거둘 수 있는 것은 이 길밖에 다른 길이 없다. 그러므로 나는 오직 이 방면에 전력을 경주했다.[3]

> 우리는 이른바 폭행-테로라는 것을 결코 찬양하는 자가 아니며 혁명의 사선을 헤매던 우리에게는 이 길이 최소의 역량을 가지고 가장 위대한 효과를 거둘 수 있다는 확호한 인식에서 출발되었다.[4]

이처럼 김구는 약소 민족의 최후의 저항 수단으로 의열 투쟁을 선택한 것이다. 그리고 그것은 김구가 독립운동의 진행 과정에서 맞닥

3 김구, 〈동경작안의 진상〉, 《이봉창 의사와 한국 독립 운동》, 186쪽.
4 김구, 《도왜실기》, 《백범 김구 전집》 1, 대한매일신보사, 1999. 35쪽.

뜨린 특수한 환경 아래서 불가피하게 선택한 일시적 방법일 뿐이지 중심 노선은 아니었다.

그런데 천황 폭살 계획은 치밀하지 못했다. 우선 시관병식에 대한 정보가 부족했다. 육군 시관병식은 해마다 거의 같은 날에 거행되는 연례행사였다. 이봉창이 천황 폭살을 시도한 이듬해 같은 날에 열린 육군 시관병식 행사에 참여한 히로히토의 동정이 〈동아일보〉에 실려 있다.[5] 보도에 따르면, 히로히토는 오전 9시 20분에 궁성문을 출발하여 10시 5분에 식장인 요요기 연병장에 도착했다. 식장까지의 이동에 걸린 시간은 45분. 황실 근위사단과 제1사단 약 1만 명이 참석한 관병식은 10시 20분에 시작해서 비행대 57기의 공중 분열식까지 포함해서 11시 10분에 끝났다. 관병식에 소요된 시간은 50분. 분열식이 끝나고 히로히토는 11시 15분에 요요기 연병장을 출발했다. 갈 때와 같은 방식으로 이동했다면 출발지인 궁성에는 대략 12시에 도착했을 것이다.

천황에 관한 정보를 제대로 파악하지 못한 것도 문제였다. 이봉창은 윤봉길처럼 자신이 목표로 한 천황의 사진을 구해 얼굴을 익히거나 천황이 행차할 때 몇 번째 마차에 타는지조차 조사해 두지 않았다. 그것이 목표를 잘못 판단한 결정적인 이유였다. 시간이 부족했던 것도 아니다. 1월 6일에 알아내지 못했더라도 그에게는 시간이 하루 더 있었다. 그런데도 끝내 천황의 행차 길에 대해 더 알려고 하지 않

5 〈천황 폐하 친임 육군시관병식〉, 〈동아일보〉 1933년 1월 9일자.

았다. 그것이 결정적인 실수였다. 취조 과정에서 일본 경찰은 "만일 이봉창이 충분한 정보가 있었으면 반드시 천황의 마차에 폭탄을 맞혔을 것이라고 판단하고, 당시의 상황이 위기일발이었음에 놀랐다."[6]라고 말한 것이 당시의 사정을 잘 말해 준다.

이봉창을 충분히 지원할 수 없었던 김구와 임시 정부의 사정도 안타깝다. 이봉창 한 사람을 도쿄로 보내는 여비를 마련하는 데 반 년 이상이 걸린 당시의 임시 정부 형편을 고려할 때 이봉창을 도와줄 인물을 함께 파견하는 것은 불가능했다. 그래서 김구는 오로지 도쿄에서 산 경험이 있는 이봉창만 믿고 그에게 모든 것을 맡길 수밖에 없었다.

6 최서면, 〈이봉창 의거 연구서설〉, 《이봉창 의사와 한국 독립 운동》, 33쪽.

에필로그

박제된 독립운동사를 벗어나 이봉창의 삶 속으로 걸어 들어가다

이 책은 2008년에 출간한 《기노시타 쇼조, 천황에게 폭탄을 던지다—인간 이봉창 이야기》를 전면 개고한 개정판이다. 독립운동가 이봉창 의사의 공식 기억에 대한 도전이자 해체 작업으로 기획되었다. 대일본 제국의 모던 보이로 쾌락적인 삶을 살고자 했던 이봉창이 어떤 이유로 천황에게 폭탄을 던진 독립운동가로 변신했는지, 한 식민지 청년의 깊은 고뇌와 신산스런 삶의 변화 과정을 밝히는 것이 목적이었다. 이를 통해 국가의 공식 기억으로 박제된 독립운동사의 틀을 벗어나 인간의 역사로서 살아 있는 독립운동사를 복원하고 싶었다.

개정판은 초판에서 부족했던 세 가지 문제를 밝히는 데 집중했다.

첫 번째는 독립운동 영웅의 기록이 아닌 식민지 청년 노동자의 성장 기록으로서의 이봉창의 삶이다. 이봉창에 관한 김구의 기록은 철저하게 독립운동의 영웅 서사에 맞추어져 있다. 1990년대 중반 이봉창의 내면을 알 수 있는 재판 기록이 공개되면서, 인간 이봉창의 삶을 밝힐 수 있는 다양한 해석의 기회가 주어졌다. 하지만 여전히 독립운동 영웅의 관점에서 서술된 이봉창에 관한 연구들은 기록의 충돌과 다양한 해석을 애써 외면하고 있다. 필자는 황국 신민이 되고자 했던 평범한 청년 노동자가 국가와 사회 문제에 눈뜨고 천황 폭살을 결심하는 과정을 추적하면서 그의 심리적 변화에 특별히 주목했다. '기노시타 쇼조'라는 일본 이름에는 일본 제국의 식민지라는 현실을 인정하고 근대 소비문화를 즐기려고 했던 모던 보이의 욕망이, '이봉창'이라는 조선 이름에는 그것을 부인하고 인간의 자유를 되찾고자 하는 혈기 넘치는 청년의 자의식이 꿈틀대고 있다. 이 두 개의 이름에 담긴 이중적 정체성에 대한 고민은 일제 강점기를 산 많은 사람이 강요당했던 삶의 모습이다. 이를 통해 엄숙한 역사학적 글쓰기로써는 결코 재현할 수 없는 식민지 청년 이봉창의 자화상을 복원했다.

두 번째는 민족 차별을 근간으로 한 일제의 식민 지배가 이봉창 같은 순수한 영혼을 지닌 청년의 삶을 황폐화하는 과정이다. 황국 신민이 되고 싶었던 평범한 청년조차도 일본인으로 동화시키지 못하고, 오히려 식민 통치의 심장인 천황을 향해 폭탄을 던지도록 만든 데서 일제의 식민 통치 정책의 본질을 잘 알 수 있다. 이는 일제의 식민지 통치가 성공할 수 없었던 이유와 조건을 보여 주는 실증적 사례이자 자유주의자들이 떠드는 일제의 식민지 개발에 근거한 식민지 근대화론의 허구성을 입증하는 분명한 증거다.

세 번째는 이봉창의 삶이 지금 이 시대를 살아가는 청년들에게 던지는 현재성의 문제다. 이봉창은 나라를 빼앗긴 설움에 가슴 아파하며 고민했던 날보다는 조선인이라는 사실 때문에 차별받는 억울함에 더 괴로워했던 청년이다. 재판 기록을 꼼꼼히 읽어 보면 이봉창은 지루하고 짜증이 날 정도로 비슷한 고민과 방황을 되풀이한다. 제3자가 관찰하기에 정말 불편하고 힘든 일이었지만, 그런 모습이 바로 일제 강점기라는 고난의 시대를 살았던 평범한 인간들의 모습이었다. 역설적으로 바로 이 점이 이봉창의 삶이 주는 매력이다. 그런 면에서 이봉창의 모습은 지금 이 순간을 살아가고 있는 대한민국 청춘들과 일면 닮았다. 생존을 위해 이주 노동자로 동북아시아 3국을 떠돌아야 했던 그의 삶은 연애, 결혼, 출산, 주택, 인간관계, 취업, 꿈 등 인간으로서 누려야 할 기본적인 권리조차 보장받지 못한 식민지 7포 세대의 인간상이었다. 그는 일본 제국이라는 식민 권력의 끊임없는 '갑'질에 시달리며 노예적인 삶을 살아야 했다. 하지만 이봉창은 결코 굴복하거나 절망하지 않았다. 민족 차별과 부당한 대우에 분노했고, 부딪치고 깨지면서도 자신이 누구인지 어떻게 사는 것이 인간답게 사는 것인지 끊임없이 고민했다. 그 과정에서 점차 부조리한 사회 현실에 눈뜨게 되었고, 마침내 상하이에서 김구를 만나 진정한 삶의 방향을 선택했다.

개정판은 초판의 문제를 상당히 극복했지만 여전히 부족한 점이 많다. 이 책에서 이봉창에 대해 아직 제대로 밝히지 못한 점도 있다. 재판 기록을 통해 서울과 일본에서 이봉창의 삶은 세밀하게 복원할 수 있었지만, 상대적으로 상하이에서의 삶에 대한 기록은 찾아내기 어려웠다. 일본 최고 재판소와 일본 외무성 사료관에는 아직도 공개되지 않은 이봉창에 관한 재판 자료가 남아 있다. 이 중 가장 주목되는 자료는 이봉창이 도쿄 의거 과정에서 만났던 50여 명에 이르는 증인 조서다. 이봉창과 함께 교토로 천황 즉위식을 구경 갔던 최순평, 이봉창에게 상하이행을 권유했던 박태산 등을 비롯해 일본에서 만났던 조선인 동료들과 일본인들의 생생한 기록이다. 주변 인물들의 눈에 비친 이봉창의 삶을 생생하게 담은 자료다. 증인들의 신문 기록이 공개되는 날, 우리는 그의 삶 속으로 한 걸음 더 들어갈 수 있을 것이다.

어떤 경우이든 불편한 진실을 드러내는 일은 유쾌하지 않다. 더구나 그것이 국가와 공동체의 집단 기억과 관련된 역사인 경우에는 더욱 그렇다. 심지어 공동체 구성원 내부의 집단 갈등을 불러일으켜 사회를 서로 대립하는 두 진영으로 갈라놓을 수도 있다. 공동체의 기억을 독점해 역사를 사유화하고자 할 때 비판과 다양성이라는 역사학의 본질적 가치는 실종된다. 잊지 않고 기억하는 것도 중요하지만 왜, 어떻게 기억할 것이냐는 기억 선택과 독점의 문제를 경계해야 하는 이유다. 실제로 이봉창뿐만 아니라 독립운동과 임시 정부는 점차 성역화되었고, 반대로 그에 관한 비판적인 성찰과 연구는 점점 더 어려워지고 있다. 인간의 역사가 점차 신의 역사를 닮아 갈 때, 역사학은 더 이상 설 자리를 잃게 될 것이다.

이 책을 쓰는 동안 심한 열병과 두통을 앓듯이 몸과 마음이 아팠다. 32년이라는 길지 않은 이봉창의 삶에 끝없는 연민과 존경을 느

졌기 때문이다. 불편한 진실을 밝히는 역사가도 필요하지만, 불편한 진실에 마음을 열고 귀 기울여 줄 수 있는 용기 있는 독자도 절실하다. 필자의 이런 마음이 이 책을 읽는 독자들에게도 전달되었으면 한다.

삶은 흔들리는 전등처럼 늘 위태롭다. 하지만 희망의 불빛은 분명 그 흔들림 속에 놓여 있다. 당장은 어렵겠지만 극단의 역사 인식을 넘어서서 일제 강점기의 역사상을 재구성하는 데 이 책이 미력하마나 하나의 디딤돌이 될 수 있기를 바란다.

2015년 11월

배경식

화보

이봉창과 동북아시아 근대의 풍경

을축년 대홍수 1925년 7월부터 9월 초까지 모두 네 차례에 걸쳐 일어난 '을축년 대홍수'는 미증유의 대재앙이었다. 7월 16일부터 18일까지 사흘 동안 650밀리미터의 비가 쏟아졌는데, 17일 저녁에 내린 장대비로 한강 제방이 터지면서 용산 일대가 물바다가 되었다.

국세 조사 안내 전단 1925년 10월 전국적으로 일제히 국세 조사가 실시되었다. 이봉창은 금정 80번지에서 180번지까지 조사를 맡았다. 우리나라에서 실시된 최초의 근대적인 인구 센서스였다. 사진은 1930년에 실시된 국세 조사의 안내 전단이다.

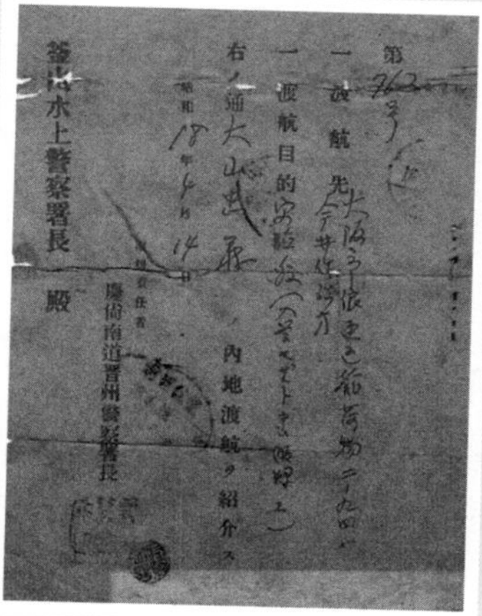
第
一 渡航先
一 渡航目的
右ノ通内地渡航ヲ紹介ス
昭和18年6月14日
慶尙南道晉州警察署長
釜山水上警察署長 殿

도항증명서 1943년에 유학을 목적으로 발급된 도항증명서. 도항증명서가 없으면 조선인은 일본으로 건너갈 수 없었다. 1925년 10월부터 이듬해 12월까지 도항증명서가 없다는 등의 이유로 일본행을 시도했던 14만 5000여 명이 부산에서 승선을 거부당했다.

오사카 항에 도착한 조선인들 일본으로 가는 조선인 노동자들 대부분의 목적지는 일자리가 많은 일본 최대의 공업 도시 오사카였다. 그러나 이들이 실제로 구할 수 있는 일자리라고는 일본인들이 하기 싫어하는 저임금의 고된 일뿐이었다.

1920~1930년대 상하이 전경 19세기 서구 열강에 개항된 상하이는 일찍부터 경제적 번영을 누렸다. 이봉창은 좋은 일자리를 구할 수 있으리라는 기대와 함께 조선인이라는 이유로 차별 대우를 받지 않고 떳떳하게 살 수 있을 거라는 생각을 품고 상하이행을 결심했다.

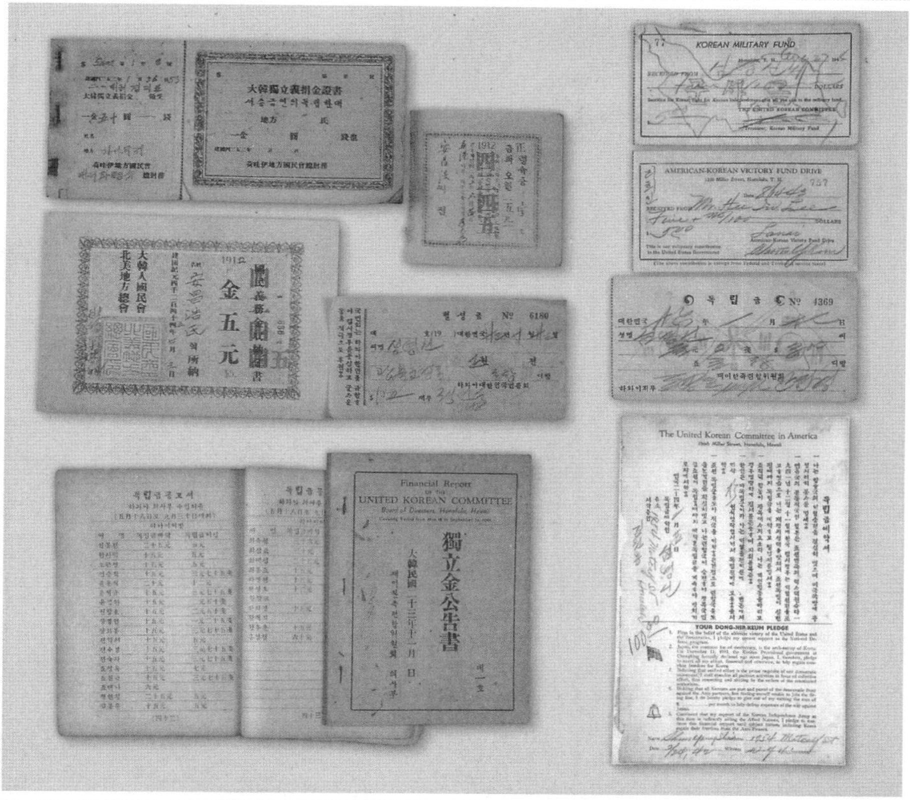

독립 의연금 영수증 임시 정부를 유지하기 위한 최소한의 경비마저 조달하기 어려운 상황에서 미국 본토, 하와이, 멕시코, 쿠바에 살고 있는 동포들이 보내온 독립 의연금은 이봉창의 의거를 준비하는 바탕이 되었다.

대한민국 임시 정부 청사 상하이 프랑스 조계 마랑로 보경리 4호 대한민국 임시 정부 사무실은 상하이 시민의 전형적인 주거 양식인 스쿠먼으로 1925년에 지어진 연립 주택형 3층 건물이었다. 사진은 옛 자리에 복원된 임시 정부 청사의 모습이다.

즉위식 때의 히로히토 천황 부부 1926년 12월 25일, 병약한 다이쇼 천황이 사망하자 오랫동안 섭정을 해 오던 스물다섯의 히로히토가 천황의 자리를 이어받았다. 하지만 공식적인 즉위식은 관례대로 다이쇼의 복상이 끝나는 1928년 11월 10일 교토 고쇼에서 거행되었다.

일본 중의원 당선에 환호하는 박춘금 친일파 단체인 상애회의 중심인물인 박춘금은 1932년 2월에 조선인으로서는 처음으로 일본 중의원에 당선되었다. 그는 이봉창 의거가 있던 바로 그날 오후에 궁내성을 비롯해서 일본 고위층을 방문하여 사과를 올렸다.

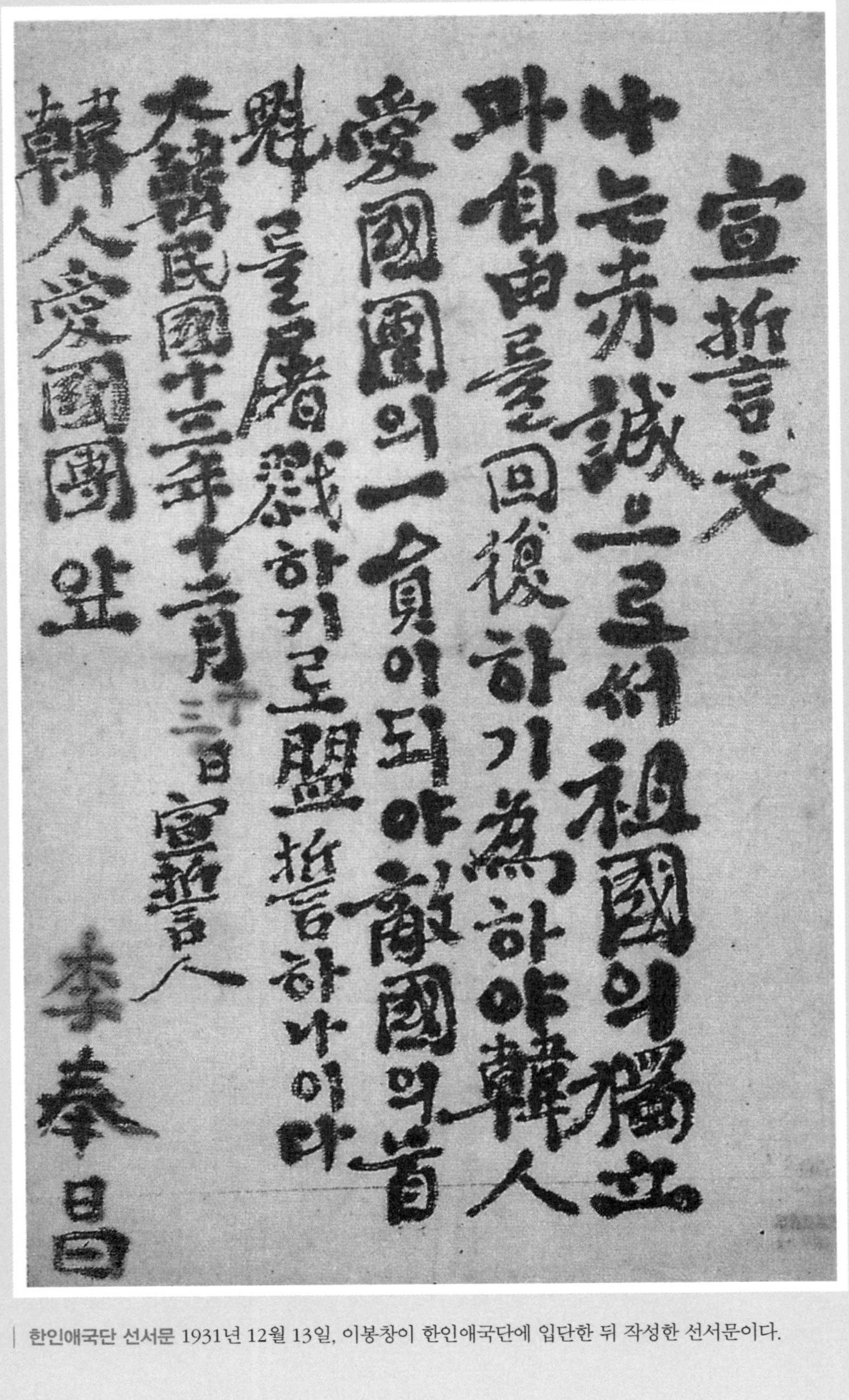
宣誓文

나는赤誠으로써祖國의獨立과自由를回復하기爲하야韓人愛國團의一員이되야敵國의首魁를屠戮하기로盟誓하나이다

大韓民國十三年十二月十三日

宣誓人 李奉昌

韓人愛國團 앞

| **한인애국단 선서문** 1931년 12월 13일, 이봉창이 한인애국단에 입단한 뒤 작성한 선서문이다.

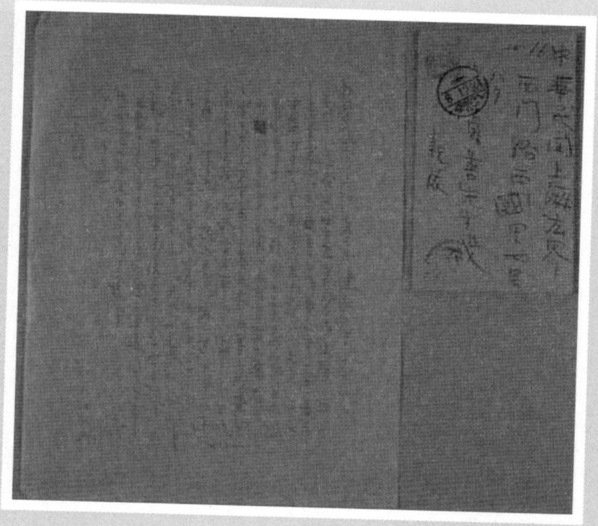

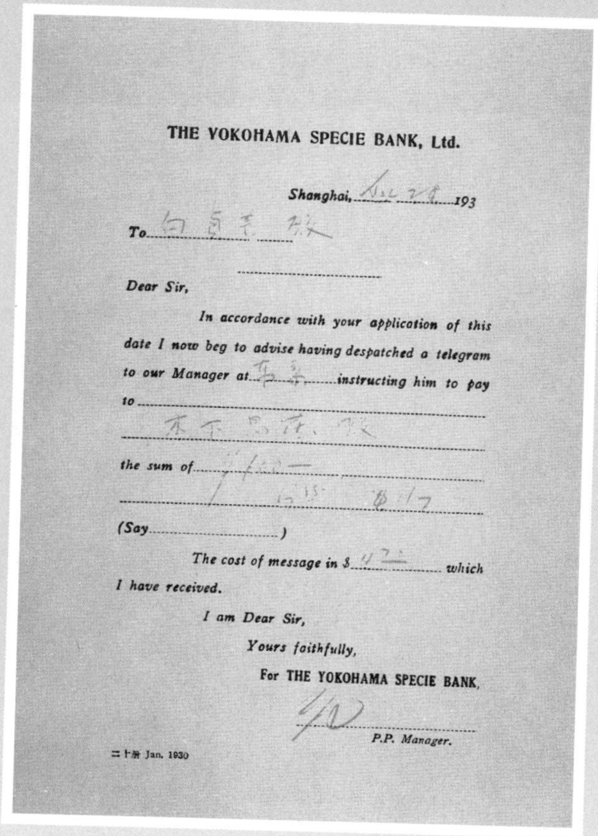

THE YOKOHAMA SPECIE BANK, Ltd.

Shanghai, ... *193*

To ....

....

Dear Sir,

In accordance with your application of this date I now beg to advise having despatched a telegram to our Manager at .... *instructing him to pay to* ....

....

the sum of ....

....

(Say .... *)*

The cost of message in $ .... *which I have received.*

I am Dear Sir,

Yours faithfully,

For THE YOKOHAMA SPECIE BANK,

P.P. Manager.

二十册 Jan. 1930

이봉창의 편지와 전보 영수증 거사를 위해 다시 일본으로 건너간 이봉창을 위해 김구는 상하이에서 송금했다.

연행되는 이봉창 경찰의 거친 행동으로 이봉창이 입고 있던 코트의 단추들이 떨어져 나갔다. 현장에서 체포된 이봉창은 곧바로 경시청으로 연행되었다.

재판정으로 끌려가는 이봉창 체포된 이봉창은 경시청으로 연행되어 외부와의 일체 연락이 차단된 채 도쿄 지방 재판소 검사의 취조를 받았다. 취조를 끝낸 검찰에서는 사건 보고서를 작성하자마자 이봉창을 형법 제73조의 '대역죄'에 따라 최고 재판소인 대심원에 예심을 청구했다.

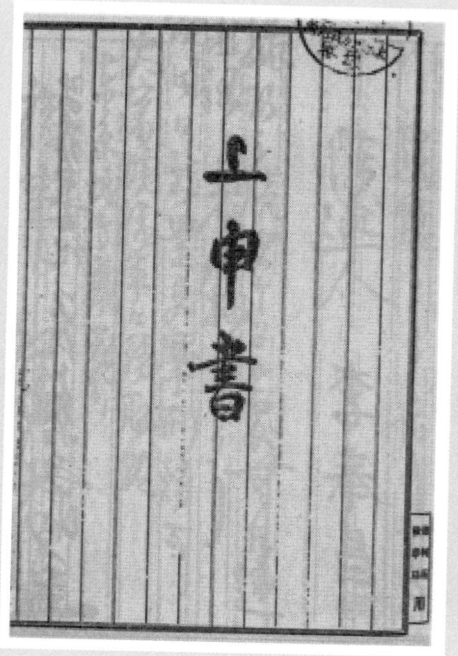

上申書

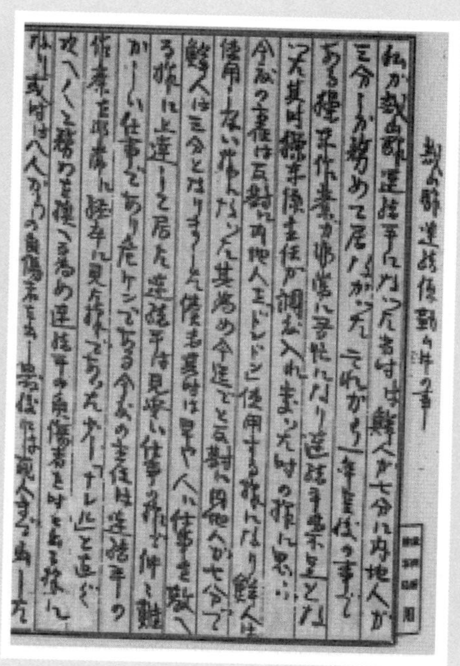

| 〈상신서〉 이봉창이 감옥에서 예심 판사에게 제출하기 위해 쓴 〈상신서〉다.

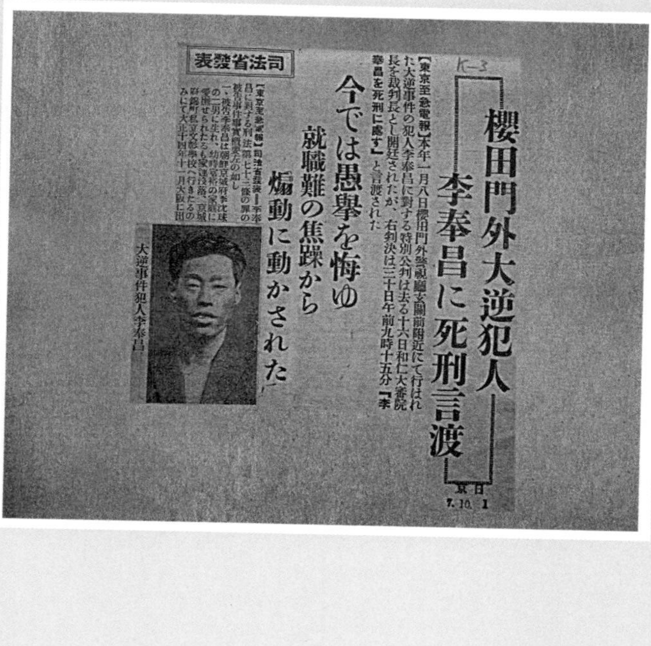

K-3

櫻田門外大逆犯人 李奉昌に死刑言渡

今では愚擧を悔ゆ

就職難の焦躁から 煽動に動かされた

【東京至急電報】本年一月八日櫻田門外警視廳玄關前附近にて行はれた大逆事件の犯人李奉昌に對する特別公判は去る十六日和仁大審院長を裁判長とし開廷されたが、右判決は三十日午前九時十五分「李奉昌を死刑に處す」と言渡された

司法省發表

京日 7.10.1

사형 선고 신문 공판은 구속된 지 8개월이 지난 1932년 9월에 열렸다. 공판은 단 두 번뿐이었는데, 이봉창은 9월 16일의 구형 공판과 9월 30일의 선고 공판에서 모두 사형을 판결받았다.

《도왜실기》 이봉창의 행적을 처음으로 세상에 알린 사람은 도쿄 의거를 주도하고 이봉창을 일본에 파견한 김구다. 김구는 〈동경작안의 진상〉과 《도왜실기》, 그리고 《백범일지》에 이봉창의 행적에 대해 상세히 적어 놓았다.

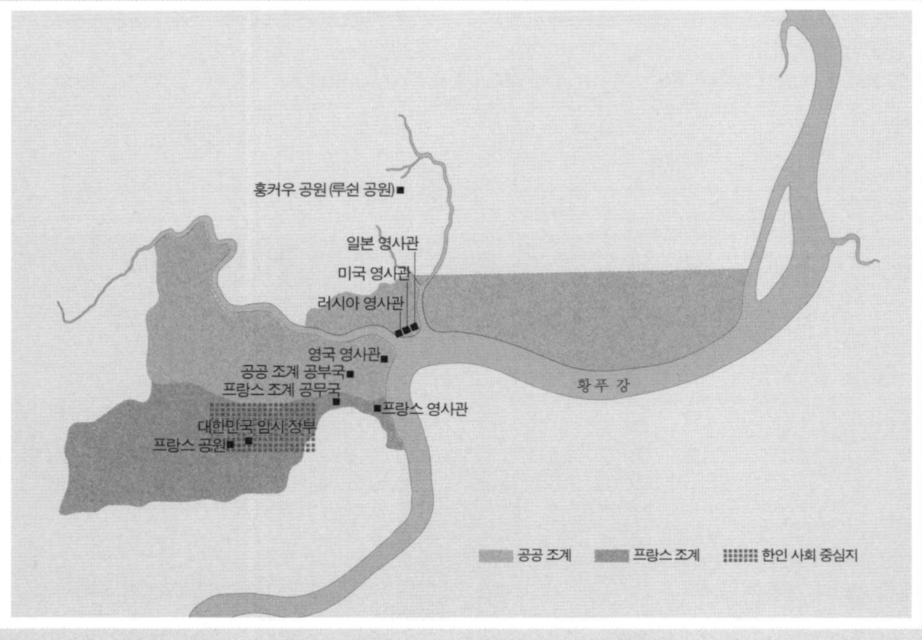

상하이 조계지 이봉창이 돌아다닌 곳은 오송로를 비롯해 주로 공공 조계 지역이었다. 당시 상하이는 중국인 거주지, 공공 조계, 프랑스 조계의 세 구역으로 나누어져 있었는데, 임시 정부는 오송로에서 대각선 방향으로 남서쪽 끝인 프랑스 조계에 있었다.

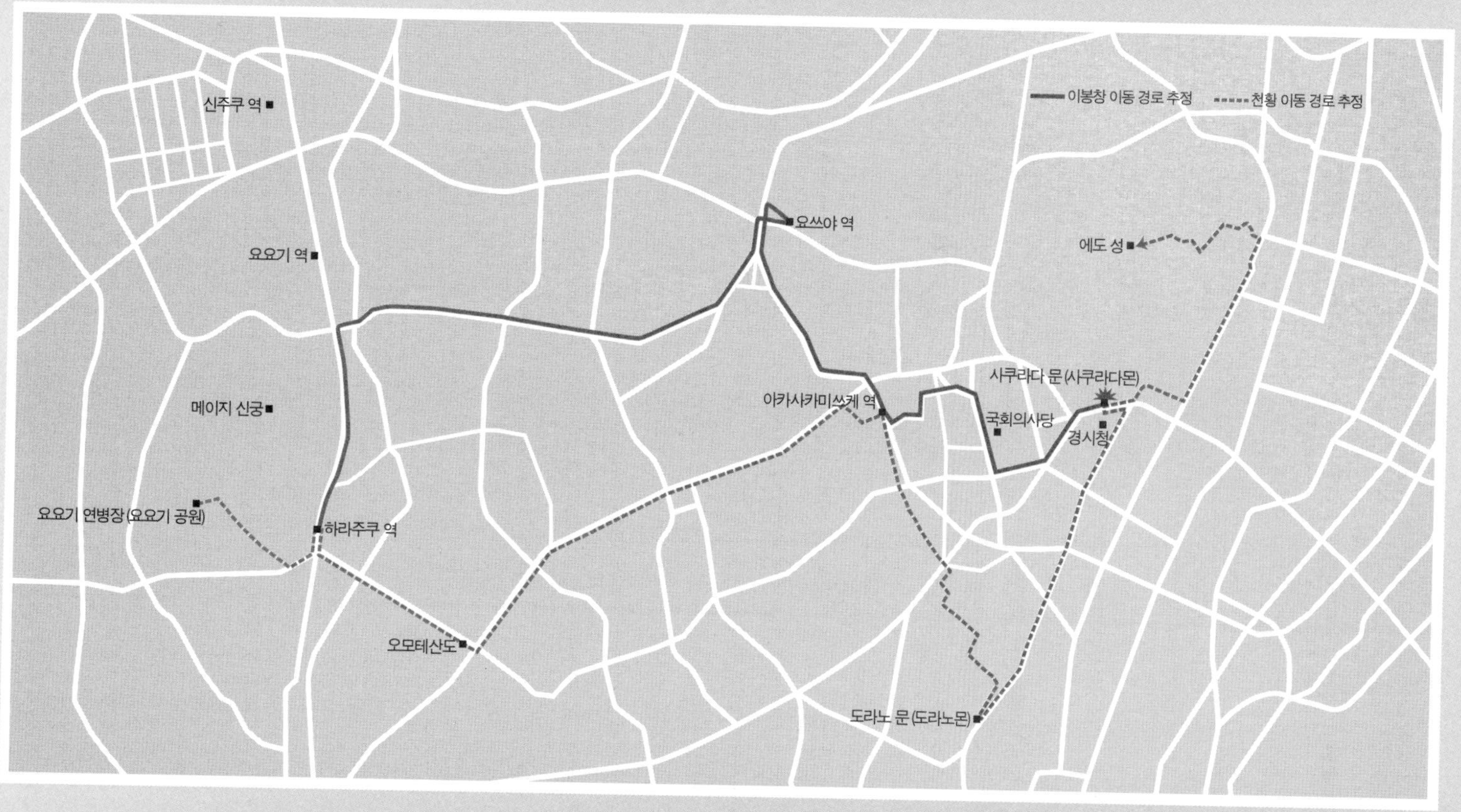

이봉창과 천황의 이동 경로 요요기 연병장 주변의 삼엄한 경비 때문에 하라주쿠 역에서의 거사를 포기한 이봉창은 요쓰야 역으로 이동했으나 천황 행렬과 엇갈렸다. 아카사카미쓰케 역에서 기회를 엿보던 이봉창은 지름길을 이용해 천황 행렬을 앞질러 마침내 사쿠라다 문 앞에서 수류탄을 던졌다.

참고 문헌

- 20세기 민중생활사연구단, 《스기야마 토미》, 눈빛, 2011.
- 강덕상, 김동수·박수철 옮김, 《학살의 기억, 관동대지진》, 역사비평사, 2005.
- 강동진, 《일제의 한국침략정책사》, 한길사, 1980.
- 강만길, 《일제시대 빈민생활사 연구》, 창작과비평사, 1987.
- 강재훈·김동훈, 하우봉 옮김, 《재일 한국 조선인—역사와 전망》, 소화, 2005.
- 강정숙, 〈대한 제국·일제 초기 서울의 매춘업과 공창제도의 도입〉, 《서울학연구》 11, 서울시립대 서울학연구소, 1998.
- 강준만·오두진, 《고종 스타벅스에 가다》, 인물과사상사, 2005.
- 국사편찬위원회 편, 《일제침략하 한국36년사》 7, 1972.
- 국사편찬위원회 편, 《한국독립운동사》 자료 2—임정 편 Ⅱ, 탐구당, 1971.
- 국회도서관 편, 《대한민국임시정부의정원문서》, 1974.
- 국회도서관 편, 《한국민족운동사료》 중국 편, 1976.
- 권보드래, 《1910년대, 풍문의 시대를 읽다》, 동국대학교 출판부, 2008.
- 기무라 겐지, 〈부관연락선이 수송사에서 차지하는 위치〉, 《한국민족문화》 28, 부산대학교 한국민족문화연구소, 2006.
- 김광열, 〈1920~1930년대 조선인 도일의 요인〉, 《한일민족문제연구》 1, 한일민족문제학회, 2001.
- 김광열, 《한인의 일본 이주사 연구》, 논형, 2010.
- 김광주, 〈백범 김구 선생〉, 《신천지》 1954년 8월호, 서울신문사.
- 김광주, 〈상해시절 회상기〉 상·하, 《세대》 1965년 12월호, 1966년 1월호.
- 김구, 《김구 자서전 백범일지》(친필 영인본), 집문당, 1994.
- 김구, 《도왜실기》, 백범김구선생전집편찬위원회 편, 《백범김구전집》 1, 대한매일신보사, 1999.

- 김구,《친필을 원색 영인한 김구 자서전 백범일지》, 집문당, 1994.
- 김구, 도진순 주해,《백범일지》, 돌베개, 1997.
- 김구, 배경식 풀고 보탬,《올바르게 풀어쓴 백범일지》, 너머북스, 2008.
- 김구, 윤병석 직해,《직해 김구 자서전 백범일지》, 집문당, 1995.
- 김도형,《일왕을 겨눈 독립투사 이봉창》, 역사공간, 2011.
- 김동노 외,《일제 식민지 시기의 통치체제 형성》, 혜안, 2006.
- 김영범,《한국 근대민족운동과 의열단》, 창작과비평사, 1997.
- 김용달,《김지섭》, 지식산업사, 2011.
- 김용달,《한국독립운동의 인물과 노선》, 한울아카데미, 2004.
- 김원용,《재미한인오십년사》, 리들리(Reedley), 1959.
- 김인덕,《식민지시대 재일조선인운동 연구》, 국학자료원, 1996.
- 김인덕,《재일조선인사와 식민지 문화》, 경인문화사, 2005.
- 김정동,《일본을 걷는다》, 한양출판, 1997.
- 김진송,《경성에 딴스홀을 許하라》, 현실문화연구, 1999.
- 김창수,〈한인애국단의 성립과 활동〉,《한국독립운동사연구》 2, 독립기념관 한국독립운동사연구소, 1988.
- 김탁,《한국의 관제신앙》, 선학사, 2004.
- 김태수,《꽃가치 피어 매혹케 하라》, 황소자리, 2005.
- 김홍일,〈중·일전쟁과 임정〉,《사상계》 1965년 4월호.
- 김홍일,《대륙의 분노》, 문조사, 1972.
- 노형석,《한국 근대사의 풍경》, 생각의나무, 2004.
- 다카사키 소지, 이규수 옮김,《식민지 조선의 일본인들》, 역사비평사, 2006.
- 단국대학교 동양학연구소 편,《이봉창 의사 재판 관련 자료집》, 단국대학교 출판부, 2004.
- 도미타 쇼지, 유재연 옮김,《그림엽서로 본 일본 근대》, 논형, 2008.
- 독립운동사편찬위원회 편,《독립운동사 자료집》 11—의열투쟁사 자료집, 1976.
- 독립운동사편찬위원회 편,《독립운동사 자료집》 별집 3—재일본 한국인 민족운동 자료집, 1985.
- 독립유공자공훈록편찬위원회 편,《독립유공자 공훈록》 14, 국가보훈처, 2000.

• 리어우판, 장동천 외 옮김, 《상하이 모던》, 고려대학교 출판부, 2007.
• 몽양여운형선생전집발간위원회 편, 《몽양 여운형 전집》 1, 한울, 1993.
• 문정진 등, 《중국 근대의 풍경》, 그린비, 2008.
• 미야자키 미나부, 강우원용 옮김, 《야쿠자, 음지의 권력자들》, 이다미디어, 2006.
• 민두기, 〈만보산사건(1931)과 한국언론의 대응〉, 《동양사학연구》 65, 동양사학회, 1999.
• 박경식, 《일본제국주의의 조선지배》, 청아, 1986.
• 박영석, 《만보산사건 연구》, 아세아문화사, 1978.
• 박천홍, 《매혹의 질주, 근대의 횡단》, 산처럼, 2003.
• 박태균, 《조봉암 연구》, 창작과비평사, 1995.
• 배경한 엮음, 《20세기 초 상해인의 생활과 근대성》, 지식산업사, 2006.
• 백범김구선생전집편찬위원회 편, 《백범 김구 전집》 1, 2, 4, 대한매일신보사, 1999.
• 백범사상연구소 주해, 《도왜실기》, 사상사, 1974.
• 상해일본총영사관, 《조선민족운동년감》, 동문, 1946.
• 서울시정개발연구원, 《서울 20세기 공간변천사》, 2002.
• 서울시정개발연구원, 《서울 20세기 생활·문화변천사》, 2002.
• 서지영, 〈식민지 근대 유흥 풍속과 여성 섹슈얼리티: 기생·카페 여급을 중심으로〉, 《사회와역사》 65, 한국사회사학회, 2004.
• 손과지, 《상해한인사회사: 1910~1945》, 한울아카데미, 2001.
• 손정목, 《일제강점기 도시계획연구》, 일지사, 1990.
• 손정목, 《일제강점기 도시화과정연구》, 일지사, 1996.
• 송규진·변은진·김윤희·김승은, 《통계로 본 한국근현대사》, 아연출판부, 2004.
• 스즈키 마사유키, 류교열 옮김, 《근대 일본의 천황제》, 이산, 1998.
• 신명식, 《모던뽀이, 경성을 거닐다》, 현실문화연구, 2003.
• 신숙, 《나의 일생》, 일신사, 1963.
• 신용하, 〈백범 김구와 한인애국단의 특공작전〉, 《조동걸 교수 정년기념논총》 2, 나남출판, 1997.
• 신용하, 《백범 김구의 사상과 독립운동》, 서울대학교 출판부, 2003.
• 안병직 외, 《근대조선의 경제구조》, 비봉출판사, 1989.
• 야마다 쇼지, 정선태 옮김, 《가네코 후미코》, 산처럼, 2003.

- 야스다 히로시, 하종문·이애숙 옮김, 《세 천황 이야기》, 역사비평사, 2009.
- 야스마루 요시오, 박진우 옮김, 《근대 천황상의 형성》, 논형, 2008.
- 양둥핑, 장영권 옮김, 《중국의 두 얼굴》, 펜타그램, 2008.
- 엄항섭, 《도왜실기》, 국제문화협회, 1946.
- 에드워드 베르, 유경찬 옮김, 《히로히토》, 을유문화사, 2002.
- 역사교과서 재일 코리언의 역사 작성위원회, 신준수 외 옮김, 《(역사교과서) 재일 한국인의 역사》, 역사넷, 2007.
- 염인호, 《김원봉 연구》, 창작과비평사, 1993.
- 오성철, 《식민지 초등교육의 형성》, 교육과학사, 2000.
- 유선영, 〈극장 구경과 활동사진 보기: 충격의 근대 그리고 즐거움의 훈육〉, 《역사비평》 64, 역사비평사, 2003.
- 윤건차, 《한국 근대교육의 사상과 운동》, 청사, 1987.
- 윤대원, 〈대한민국임시정부 전반기(1919~1932)의 재정제도와 운영〉, 《대한민국임시정부 수립80주년기념논문집》 상, 국가보훈처, 1999.
- 이만규, 《다시 읽는 조선교육사》, 살림터, 2010.
- 이병인, 《근대 상해의 민간단체와 국가》, 창비, 2006.
- 이봉창의사장학회 편, 《이봉창 의사와 한국 독립 운동》, 단국대학교 출판부, 2002.
- 이승원, 《학교의 탄생》, 휴머니스트, 2005.
- 이재범 외, 《한반도의 외국군 주둔사》, 중심, 2001.
- 이정식 면담, 김학준 편집, 《혁명가들의 항일 회상》, 민음사, 1988.
- 이현희, 《이봉창 의사의 항일투쟁》, 국학자료원, 1997.
- 임종국, 《밤의 일제침략사》, 한빛문화사, 2004.
- 장유정, 《오빠는 풍각쟁이야》, 황금가지, 2006.
- 전기호, 《일제시대 재일 한국인 노동자계급의 상태와 투쟁》, 지식산업사, 2003.
- 전진한, 《이렇게 싸웠다》, 무역연구원, 1996.
- 정재정, 《일제침략과 한국철도》, 서울대학교 출판부, 1999.
- 정정화, 《녹두꽃》, 미완, 1987.
- 정태영, 《조봉암과 진보당》, 한길사, 1991.
- 정혜경, 〈일제하 在日 한국인 민족운동의 연구〉, 한국정신문화연구원 한국학대학원 박사

논문, 1998.
- 정혜경, 《일제시대 재일조선인민족운동연구》, 국학자료원, 2001.
- 정혜경, 《조선 청년이여 황국 신민이 되어라》, 서해문집, 2010.
- 정혜선, 《일본 공산주의운동과 천황제》, 국학자료원, 2001.
- 정화암, 《어느 아나키스트의 몸으로 쓴 근세사》, 자유문고, 1992.
- 조동걸, 〈한인애국단의 의거〉, 《독립운동사》 7—의열투쟁사, 독립운동사편찬위원회, 1976.
- 조선 총독부 엮음, 하종근 옮김, 《일제식민관료가 분석한 조선인》, 세종출판사, 1995.
- 조용래, 《천황제 코드》, 논형, 2009.
- 최규진 엮음, 《근대를 보는 창 20》, 서해문집, 2007.
- 최병택·예지숙, 《경성리포트》, 시공사. 2009.
- 최서면, 〈이봉창 의거 연구서설〉, 《대한민국임시정부 수립80주년기념논문집》 하, 국가보훈처, 1999.
- 최영호 외, 《부관연락선과 부산》, 논형, 2007.
- 최태영, 《인간 단군을 찾아서》, 학고재, 2000.
- 추헌수, 《자료 한국독립운동》 2, 연세대학교 출판부, 1972.
- 하야시 에이다이, 신정식 옮김, 《일제의 조선인노동 강제수탈사》, 비봉출판사, 1982.
- 한국교육사연구회, 《한국교육사》, 교육출판사, 1989.
- 한국역사연구회 근현대청년운동회, 《한국 근현대 청년운동사》, 풀빛, 1995.
- 한국역사연구회, 《우리는 지난 100년 동안 어떻게 살았을까》 1·2, 청년사, 1998.
- 한시준, 〈이봉창 의사의 일왕 저격 의거와 그 의의〉, 《한국 근현대사 연구》 17, 2001년 여름호, 한국근현대사학회.
- 함동주, 《천황제 근대국가의 탄생》, 창비, 2009.
- 허버트 빅스, 오현숙 옮김, 《히로히토 평전》, 삼인, 2010.
- 허영란, 〈근대적 소비생활과 식민지적 소외〉, 《역사비평》 49, 역사문제연구소, 1999.
- 홍인근, 《이봉창 평전》, 나남, 2002.
- 후지타 쇼조, 김석근 옮김, 《천황제 국가의 지배원리》, 논형, 2009.

사진 자료 제공 및 소장처

- 국립 중앙 박물관 • 독립 기념관 • 위키 백과
- 서울대학교 도서관 • 역사공간 • 백유선
- 눈빛 출판사《일제 감점기 1910-1945》

이 책에 쓰인 사진과 도판은 절차에 따라 저작권자의 허락을 받아 사용했습니다. 저작권자를 찾지 못한 자료 및 저작권자와 연락이 닿지 않은 자료는 확인되는 대로 저작권 상의를 하고 다음 쇄에 반영하겠습니다.

찾아보기

ㄴ

ㄷ

ㄹ · ㅁ

ㅇ

ㅈ

식민지 청년 이봉창의 고백

초판 1쇄 발행일 2008년 10월 18일
개정판 1쇄 발행일 2015년 11월 30일
개정판 5쇄 발행일 2023년 5월 29일

지은이 배경식

발행인 김학원
발행처 (주)휴머니스트출판그룹
출판등록 제313-2007-000007호(2007년 1월 5일)
주소 (03991) 서울시 마포구 동교로23길 76(연남동)
전화 02-335-4422 **팩스** 02-334-3427
저자·독자 서비스 humanist@humanistbooks.com
홈페이지 www.humanistbooks.com
유튜브 youtube.com/user/humanistma **포스트** post.naver.com/hmcv
페이스북 facebook.com/hmcv2001 **인스타그램** @humanist_insta

편집주간 황서현 **편집** 이보람 **디자인** 민진기디자인 **지도** 임근선
조판 홍영사 **용지** 화인페이퍼 **인쇄** 청아디앤피 **제본** 민성사

ⓒ 배경식, 2015

ISBN 978-89-5862-966-5 03910

• 이 책은 저작권법에 따라 보호받는 저작물이므로 무단 전재와 무단 복제를 금합니다.
• 이 책의 전부 또는 일부를 이용하려면 반드시 저자와 (주)휴머니스트출판그룹의 동의를 받아야 합니다.
• 이 책은 2008년 10월 18일에 초판 발행된 《기노시타 쇼조, 천황에게 폭탄을 던지다》의 개정판입니다.